學佛入門 2

正信的佛教

ORTHODOX CHINESE BUDDHISM

聖嚴法師——著

自序

佛教在世界性的各大宗教和思想之中，顯得非常特殊。凡是宗教，無不信奉神的創造及神的主宰，佛教卻是徹底的無神論者；唯物思想是無神論的，佛教卻又堅決反對唯物論的謬誤。佛教似宗教而又非宗教，類哲學而又非哲學，通科學而又非科學。這是佛教的最大特色。

然而，佛教自印度傳入中國，雖已有了一千九百年的歷史，中國的整個文化，也都接受了佛教文化的熏陶，佛教的根本精神，卻因為民間固有的習俗加上神道怪誕的傳說而湮沒。故到晚近以來，許多略具新知的人們，竟把佛教看作充滿了牛鬼蛇神的低級迷信，也以為佛教的存在，不過是舊社會給我們留下了一截尚未蛻化掉的尾巴而已。

因此，促使我根據個人的研究所得，配合時代思想的要求，並參考了太虛大師及印順法師的一部分見解，想到了七十個看來淺顯而實際重要的問題，期能幫助讀者，略窺佛教的真貌。

本書的主要對象，雖是尚未信佛的知識分子，但它也是今日一般佛弟子們應當明白的佛教常識，故自《菩提樹》雜誌連載以後，頗得好評，且有讀者希望早日單印流通，因此予以重行增訂。今承星雲法師的佛教文化服務處熱心出版，謹此誌謝。

佛滅紀元二五〇九年元旦序於朝元寺瓔珞關房

再序

本書《正信的佛教》，初稿刊於一九六三、六四年間的《菩提樹》月刊。初版單行本問世，是一九六五年元月，由佛教文化服務處發行。在迄今的十七個年頭之間，由於受到教內外及海內外廣大讀者的喜愛，有許多印經會及佛教關係書店，包括臺灣、香港、南洋等地，將之大量原版影印、打字照相及排字重印，多係贈送結緣，亦有訂價流通，總計約十數萬冊上下。在我寫的二十多種著述之中，乃是流通最廣的一種。一九七八年十二月，中華佛教文化館及天華出版社，同時再版，所不同者，文化館版加了附註十七條，印了三千冊，雖也訂價流通，多半仍是贈送。以如此長的時間，尚未被人遺忘，已經值得告慰，但以總發行量而言，仍不能算是一本暢銷書。由此可以了解，大家的讀書風氣還不夠旺盛，佛教徒中具高昂求知態度的人，依然不夠普遍。

一九七五年八月，以海外學人身分，回國出席國家建設會議時，當時任教育部次長的陳履安先生，很希望約我做數日長談，由他提出一百個現代知識分子對於佛教信仰及佛學理論方面常常遇到或想到的問題，請我解答，公之於世，我也覺得這是一項很有意義的工作。可惜，會後我又出國了，履安先生也尚未能夠抽出時間來實踐此一構想。故在新的百問未成之前，仍以本書的七十問，獻給讀者。

一九八一年十月十日聖嚴序於北投中華佛教文化館

目錄

正信的佛教是什麼？

事實上，佛教的本質，並沒有正信和迷信的分別，佛教就是佛教，佛教的基本內容，到處都是一樣。佛教是從大覺的佛陀——釋迦世尊的大悲智海之中流露出來，那是充滿了智慧、充滿了仁慈、充滿了光明、清涼、安慰的一種言教，根據這種言教的信仰而建立的教團形態，便是佛教。

所謂正信，就是正確的信仰、正當的信誓、正軌的信解、正直的信行、真正的信賴。正信的內容，應具備三個主要的條件：第一，必須有永久性的；第二，必須要普遍性的；第三，必須是必然性的。換一個方式來說，便是過去一向如此，現在到處如此，未來必將如此。

凡是對於一種道理或一樁事物的信仰或信賴，如果經不起這三個條件的考驗，那就不是正信而是迷信。一個宗教的教理，禁不起時代的考驗，通不過環境的疏導，開不出新興的境界，它便是迷信而不是正信。

但也無可諱言的，正信的佛教在大乘教的流行地區，尤其是在中國，一向是被山林的高僧以及少數的士君子所專有，至於民間的正信，始終未能普及，一般的民眾，始終都在儒、釋、道三教混雜信仰的觀念中生活，比如對於鬼神的崇拜以及人死即鬼的信念，都不是佛教的產物。

佛陀是創世主嗎？

不。正信的佛教，沒有創世主的觀念，佛陀是人間的覺悟者，佛陀雖能覺悟世間的一切原理，但卻無能改變世間已有的狀態；佛陀雖能化度眾生，眾生的能否得度，尚須由眾生的能否自我努力而決定。佛陀是最好的良醫，能為眾生的痛苦診斷處方，服他的藥，必定得度，如果不肯服藥，佛陀也是愛莫能助；佛陀是最好的嚮導，能給眾生引導出離世間的苦海，聽從佛的引導，必定得度，如果不從引導，也是愛莫能助。因此，佛陀不以創世主自居，甚至不希望徒眾們僅對佛陀做形式上的崇拜；能夠實踐佛的言教，就等於見佛敬佛，否則，雖然覲見了當時的佛陀，也等於沒有見佛。所以，佛陀既不是創世主，也不是主宰神，佛陀只能教導眾生離苦得樂的方法，佛陀自己雖已離苦得樂，但卻不能代替眾生離苦得樂。佛陀是大教育家、人天導師，而不是幻術家及魔術師，他用不著騙人家說「代人贖罪」，他是教我們一切要自己對自己負責——「種瓜得瓜，種豆得豆。」

佛陀是什麼？

佛陀（Buddha），這是印度古代梵文的音譯。佛陀，含有自己覺悟、覺悟他人、覺悟一切而無所不知無時不覺的意思，所以，又被稱為一切智人或正遍知覺。

佛陀，簡譯為佛，是在我們這個世界，距今二千五百八十九年（西元前六二三年），生於印度迦毘羅衛城的釋迦太子，成道之後，稱為釋迦牟尼。釋迦是族姓，意為能仁，牟尼是印度古代對於聖者通用的尊稱，意為寂默。這就是佛教的教主。

但是，從釋迦牟尼的言教中，使我們明白，在現有歷史的記載中，雖然只有釋迦一人是佛，可是過去久遠以前，這個世界曾經有佛出生，未來的久遠以後，這個世界仍將有佛出生，現在的十方世界，也有很多的佛存在。所以，佛教不以為佛陀是獨一無二的，佛教承認過去、現在、未來，有著無量無數的佛陀，乃至相信所有的人，所有的有情眾生（主要指動物），不論已經信佛與否，將來也都有其成為佛陀的可能，因為佛教相信：佛陀是已經覺悟的眾生，眾生是尚未覺悟的佛陀。在境界上，凡聖雖有不同，在本質上，佛性一律平等，所以，佛教不將佛陀當作唯一的神來崇拜，也不承認另一個宇宙的創造神的存在。所以，佛教徒是無神論者。

宇宙和生命是從哪裡來的？

佛教既然不相信另有一個宇宙的創造神，但是宇宙的存在，不容懷疑，生命的存在，也不容否定。

佛教相信：構成宇宙的元素其自性是空的，構成生命的元素其自性也是空的，唯有空性才是永恆不變的真理。所謂永恆，就是沒有開始也沒有終結；本來如此，就是宇宙和生命的實際情況。

佛教相信：宇宙情態的變化，生命過程的流轉，那是由於眾生所造的「業力」的結果。

業力是指有情眾生（動物）使每一樁或善或惡的行為，像各種的顏色一樣，繼續不斷地熏染到生命的主體——識田中去，再從識田之中，等待外緣的誘導而萌芽生長，正像播種在泥土中，等待日光、空氣、水的誘導而萌芽生長，這在佛教稱為業力的現行。業的造作是業力現行的因，業力的現行，是業所造作的果，所謂「善惡到頭終有報」，就是這個意思的說明。

業，有個人單獨造作的，也有與他人共同造作的；有的雖然單獨造作，但也可以和他人相同，有的雖與他人共同造作，但也各有輕重不同。因此，業的種類，從大體上說，分有「共業」及「不共業」的兩大類。

由於共業，所以感得同樣的果報；地球，便是由於地球世界的眾生——過去、現在、未來的無數眾生的共業所感，而有各類不同的共業，所以也感得各種不同的世界，太空之中，宇宙之間，有著無量無數的世界，它們的成因，都是由於各類不同的無數眾生，所造各類不同的共業而成。所以，火星上如果真的有人，火星人的形體，未必也和地球人的形體一樣。至於那些無人的星球，乃至那些沒有生物存在的星球，雖不是眾生活動的舞台，但卻也是為了眾生活動的舞台而存在；宇宙之間，萬事萬物，沒有一種現象沒有其存在的理由。比如，太陽上不可能有生物，但如沒有太陽的話，地球上的生物也將無法生存；雖然尚有許多的事物，無法用科學的觀點證明其存在的理由，但在佛教的解釋，一切都是由於眾生的業力所感，那就是它們存在的理由。

至於生命在地球上的最初出現，佛教相信是由變化而來，下至單細胞的生物，上至人類，都是一樣。地球形成之後最初的人類，是從色界第六天的光音天而來，他們是飛空而來的，那是由於他們的墮落，貪愛了地球上的一種天然食物，吃了之後，身體粗重不能飛行了，就在地上安居下來（《世記經》、《大樓炭經》、《起世經》等）。實際上，那也是出於他們的業報所致，天福享盡之時，必須來地上隨業受報。正像以後所有的眾生一樣，既然先由共同的業力，感成了一個地球，豈能不來接受地球生活的果報？一旦在地球世界的業報受完，又將往生至應往的他方世界中去。

又由於不共業的理由，雖然同樣生在地球世界，品類的高下，也就不同，下至昆蟲，上至人類，人類之中，貧富貴賤，上智下愚，也有千差萬別。

事實上，共業，也是不共業的分類，比如地球眾生的共業與他方世界眾生的共業相比，便成了不共業；同樣的，不共業，也是共業的分類，比如非洲的黑種人與亞洲的黃種人，是由不共業所感，但因彼此都是地球世界的人類，所以仍由共業所感。以此類推，同在一個國家的人民，也有千差萬別，乃至同在一個家庭，兄弟姊妹，也各有各的性格，各有各的成就，各有各的生活感受。

這，就是佛教對於宇宙生命的來源及其存在的看法。

菩薩怎麼講？

菩薩，這也是梵文的音譯，並且是簡譯，全譯是「菩提薩埵」。它的意思，菩提是覺，薩埵是有情；菩薩，便是覺有情。有情是指有情愛與情性的生物，主要就是指動物。菩薩是覺悟的有情，並且也能覺悟一切眾生的痛苦，同情一切眾生的痛苦，進而解救一切眾生的痛苦。所以，通俗都將樂善好施及扶困濟厄的人，稱為「菩薩心腸」。

菩薩的本義，和民間的觀念大不相同，菩薩是信佛學佛之後發願自度度人乃至捨己救人的人。所以，泥塑木雕的土地城隍牛鬼蛇神，絕對不能稱為菩薩。

菩薩是眾生成佛的必經身分，眾生要成佛，必須先發大願心，最主要的有四條，稱為〈四弘誓願〉：「眾生無邊誓願度，煩惱無盡誓願斷，法門無量誓願學，佛道無上誓願成。」可見，要成為一個名副其實的菩薩，並不容易。

不過，從最初的發心發願，直到成佛為止，都可稱為菩薩，所以有凡夫菩薩與賢聖菩薩的不同。通常在佛經中所說的菩薩，都是指的聖位菩薩，依《菩薩瓔珞本業經》，菩薩共分五十二階位，只有十二階位是聖人，那就是從初地到十地，加上等覺、妙覺。其實，妙覺菩薩就是佛，等覺菩薩是即將成佛的大菩薩。我們熟悉的觀世音、大勢至、文殊、普賢、彌勒、地藏等，便是等覺位的大菩薩。

什麼叫作大乘和小乘？

本來，在佛的時代，並沒有分什麼大乘和小乘，佛法是一味的，只是由於說法的對象不同，所說的內容和境界也有不同罷了。

佛對根器淺薄的聽眾，說做人的根本道理，持五戒，修十善，稱為人天乘；對於厭世觀念很濃的人，便說解脫生死的方法，稱為聲聞的小乘；對於根器深厚而有悲願化世的聽眾，便是菩薩的大乘。

事實上，佛法共分五乘：人乘、天乘、聲聞乘、獨覺乘、菩薩乘。修上品五戒十善的生天，中品五戒十善的生人，綜合五戒十善，稱為人天道；聲聞是由於聽法修行而解脫生死的，獨覺是不由聽法無師自覺而得解脫生死的，綜合聲聞獨覺，稱為解脫道；菩薩道是既求取解脫道而又不捨人天行的一種法門，所以大乘的菩薩道是解脫道與人天道的綜合。

僅在人天道中修持五戒十善的人，尚是凡夫。證了解脫道，不再受生死的人才是聖人，因他們只顧自己乘著佛法而得解脫，不願回過頭來救度其他的眾生，所以稱為小乘。

菩薩是上求無上佛道而自己解脫生死，下化無量眾生而同離生死苦海，所以稱為大乘。

從佛教的分布上說，通常說北傳的梵文系佛教——以中國為中心而至日本、韓國、蒙、藏的佛教，是大乘佛教；南傳的巴利文系佛教——以錫蘭為中心而至泰、緬等國的佛教是小乘佛教。其實，這是出於北傳佛教徒的區分法，南傳佛教徒根本否認這種區分法的正確性，因在《根本有部律》卷四十五及《雜阿含經》卷二十八第七六九經，均有大乘之名，那是指八正道的修持者；《雜阿含經》卷二十六第六六九經，以行四攝法為大士；《增一阿含經》卷十九，明白載有大乘的六度。

除了理論境界上的發揮，北傳佛教，超過了南傳佛教，在佛教生活的實踐上，北傳地區未必全是大乘的，南傳地區也未必全是小乘的；北傳的中國佛教，除了素食而外，沒有什麼可比南傳佛教更出色，尤其中國大乘佛學的成就，因為中國老莊思想所形成的玄學清談，在魏晉時代特別風行，所以上流社會的士君子們，也把佛學當作消遣及清談的玄理，中國的天台宗及華嚴宗的理路，確也受有這一風尚的若干暗示，所以近代有一位日本學者木村泰賢，批評中國的佛教是屬於學問的佛教，而非實踐的佛教，實亦不無理由。

事實上，天台、華嚴的思想架構，也多出於中國高僧的自悟境界，在印度的佛教思想方面，並沒有足夠的依據。因此，中國真正的大乘精神，從未普及到民間，更說不上成為中國民間生活信仰的依歸了。所以也有人說：中國的佛教乃是大乘的思想、小乘的行為。

佛教是世界性的宗教嗎？

是的，因為佛陀不是某一民族的保護神，佛陀是宇宙的正遍知覺者，佛陀是屬於宇宙之所共有，佛陀的正遍覺性，是遍滿宇宙的，佛陀的慈悲之光，是遍照一切的。所以，佛教的本質，就是世界性的，乃至是宇宙性的。

因此，二千五百多年以來，佛教已在世界各處，漸漸分布開來。

佛教，在佛陀入滅之後約三、四百年之間，由於佛教內部的意見不同，所以分成兩大派系，年長而保守的一派稱為上座部，年輕而新進的一派稱大眾部。後來上座部的，向南傳，傳至錫蘭，他們多以印度南方的方言巴利語記錄經典，所以後來稱為巴利語系的佛教，另一派大眾部向北傳，雖沒有直接產生大乘佛教，但大乘佛教的產生，卻在大眾部盛行的區域。

這是就大致上的區分，其實，從佛教的史蹟考察，最先傳至南方如錫、緬等地的，倒是梵文的大乘佛教，所以最先由海路傳入中國的南方佛教，便是大乘系的。至於向北方傳，小乘佛教的勢力，更是事實了。

大乘佛教的源頭，是在釋迦世尊的時代，但在佛滅之後，很少受到比丘僧團的重視和弘揚，這段暗流一直流了四、五百年，才因部派佛教的紛歧複雜而有大乘佛教起而代興的時代要求，先後有馬鳴、龍樹、無著、世親等的蒐集整理與弘揚發揮，才產生了大乘佛教，這是以印度古代雅語梵文記錄的，所以稱為梵文系佛教。

中國佛教之傳入，是在東漢時代，相當於耶穌紀元的初期。中國的佛教典籍，多是由梵文原本轉譯成的。中國的佛教，後來雖然盛行大乘，小乘的經論也譯得很多，重要的小乘佛典，中國都有譯本。

經過魏晉南北朝而至隋唐的階段，乃是中國佛教的黃金時代，高僧輩出，中、印交流也頻繁不絕。在那個階段，中國的佛教開了花也結了果，小乘、大乘，一共開出十三個宗派，漸漸又被融攝為八個大乘宗派，那便是大名鼎鼎的天台宗、華嚴宗、三論宗、唯識宗、淨土宗、律宗、禪宗、密宗。到了五代以後，由於政治的摧殘，以及社會環境的驅使，佛教便離開文化中心，進入山林之間，僧人自耕自食，義理的研究用不著了，所以只有不立文字教外別傳的禪宗，一枝獨秀。這在唐宋之間，尚有若干真修實悟的禪師，在簡單而樸質的言行之中，感化著許多的人，但也由此而種下了愚昧佛教的遠因，以致到宋明以後，佛教的僧徒與寺院雖多，但已沒有了靈魂，只是徒有其表的空殼而已！不重教育，只顧依樣畫葫蘆地上殿過堂盲修瞎參，不唯很少傑出的高僧，一般的僧徒，也多沒有知識，自行且不知，哪還能化人？因此，僧人的素質，普遍地低落，再加上儒家的排斥，致使民間對於佛教也就愈來愈不知其所以然了。

清末以來，總算由於楊仁山居士的振作，太虛大師的倡導，以及印光、弘一、虛雲等幾位大師和歐陽竟無（漸）等的弘化，中國的佛教，已略有了轉機，唯因百廢待舉，舉不勝舉，故到目前臺灣的佛教為止，應革應興的佛教事業，尚在娃娃學步的階段。

日本的佛教，是由中國及高麗傳去（高麗是由中國傳去），那是在西元第六世紀以後的事，故從本質上說，日本佛教是屬於中國型的，但自晚近個把世紀以來，由於接觸到了西洋的治學方法，故以新方法研究佛學的成績，不但超過了中國，甚至已經獨步世界佛教的先鋒。因為日本的學者，既能利用中國佛學的全部寶藏，又能直接從梵文及巴利文中尋找根本佛教的原義，加上新的治學方法，便產生了輝煌的研究成果。雖然，日本佛教在解脫道的修持方面，已遠不及南傳各國的清淨和理想。

在佛陀入滅之後西元第九、第十世紀之間，印度婆羅門教的勢力抬頭，佛教受到無情的摧殘，佛教徒為了迎合當時的時風，便也採取了婆羅門教（現稱印度教）的梵天觀念，融攝混合在大乘佛法之中；那些世俗的迷信、民間的習俗，甚至有關男女的房中術等，也都混進了清淨的佛教，這就是神祕化的大乘密教的應運而生，這也就是印度的第三期佛教。但是，佛教的許多優點被印度教吸收而成了他們更加興旺的營養，佛教吸收了印度教的低級信仰卻變成更加腐朽的因素了！因此，約在西元第十世紀的末葉之後，在印度教及入侵的伊斯蘭教先後雙重的摧毀之下，佛教便於印度境內消失了！可是，歷史的記載：自從佛教滅亡之後的印度國勢，也就江河日下了，印度人民的生活，也就日益困苦了，印度的版圖，再也不能統一了，直到一九五〇年時，才從英國人的統治下爭取到了自主的獨立；然而，古代的印度，現在已經多出了巴基斯坦及尼泊爾等的國家主權了。今日在印度境內的佛教徒，雖已得到法律的保障及政府的禮遇，自一九五一年以來，已在顯著地迅速增加，但在將近四萬萬的全人口之中，占的百分比還很可憐，僅從十萬八千人增至三百二十五萬的佛教徒而已。這是要緊的，因為有人控訴，印度的衰弱是由於信仰佛教的緣故。

西藏的佛教，雖與中國略有關係，但其主要的輸入，乃是直接引自印度。西藏的佛教，雖然同樣是大乘，但是僅屬於密宗一支，是北印度的蓮華生上師傳去，當時的西藏，文化落後，信仰多神，神祕而確有靈驗的密宗，深受藏人的歡迎，尤其蓮華生本人，是一位神蹟卓著的高僧。蓮華生與於唐代來中國傳授密宗的開元三大士——善無畏、金剛智、不空三位大師，同出於龍智菩薩的門下。蓮華生在西藏的教團徒眾都穿紅色衣，所以稱為紅教，但其到了中國的元末明初時代，紅教的喇嘛生活腐敗，教綱不振，因此而有宗喀巴大師起來提倡律制的清淨生活，注重顯教的義理研究，大振宗風，德化全藏，因其穿黃色衣，所以稱為黃教。至於蒙古、尼泊爾等地的密教，都是西藏系的支流。

佛滅度之後的印度佛教，從大勢上說，可分為三個時期：第一期是從佛滅後到三、四百年階段，是上座部佛教，以今日的錫蘭等地為代表；第二期是從佛滅後三、四百年到五、六百年階段，發展了大乘的顯教，以今日的中、日等地為代表；第三期是至佛滅後九百或一千年階段，開出了大乘密教，以今日的西藏為代表。所謂顯教，是偏重於義理的研究闡述；所謂密教，是偏重於儀軌的遵行、咒文的持誦，特別信仰神力的加持。如果換一種方式來說明，那麼，第一期是聲聞化的佛教，第二期是菩薩化的佛教，第三期是天神化的佛教。今日所需要的，應該是開出第四期人間化的佛教。

西洋的佛教，最先是在德國，叔本華的思想，誰都知道，有著濃厚的印度色彩，那是印度教的《奧義書》，以及初期佛教的典籍，做了他開發思想的泉源。目前，法國、英國、比利時、奧國、蘇聯，以及美國、阿根廷、巴西等都已有了佛教徒的蹤跡，但從發展上看，則以德國及美國的佛教最有前途，特別是在美國，南傳的、北傳的、西藏的佛教都已有了活動，但從歐、美兩洲佛教文化的內容而言，南傳的佛教確已占著優勢，那是由於自西元一五〇五年至一九四七年之間，錫蘭先後被葡萄牙、荷蘭及英國占領，錫蘭的僧侶，竟也因此找到了通往西方傳教的橋樑；大乘佛教對於歐美的貢獻，多是日本人的功績。近世中國在佛教文化的輸出方面，則遙遠地落在其他國家之後，乃至西藏的喇嘛，也比中國內地的佛教跑快了幾步。雖然今日美國的華僑，信仰大乘佛教，他們卻並不知道大乘的教理。

佛教的基本教理是什麼？

佛教的教典之多，乃是眾所周知的事，所以到今天為止，尚無法硬性地指定哪一部或哪幾部是代表性的佛經，在中國之所以有許多宗派的出現，大體上是由於所宗經論的立場不同而產生。

不過，佛教的教理，有一個基本原則，那也是釋迦世尊對於宇宙人生的特別開悟，悟到一個緣生的道理。

所謂緣生，就是因緣所生，也就是由於各種關係的結合而產生各種的現象。比如一篇文章的能夠成為文章，能夠到達讀者的手裡，能夠使得讀者明白一些有關佛教的問題，這中間的關係（因緣），看來簡單，實際則複雜之極；文字的來源及修養，知識的累進及吸收，作者的健康熱忱及見解，加上文具的製造及運用，文稿的檢字排版及印刷，郵件的寄發及傳遞，最後還得有讀者自己的興趣、知識及精神，才能完成一篇文章從作者到讀者之間的任務。這種關係（因緣）的舉例，尚是粗淺而明顯的，若要更進一步的考察，每一個關係的單元上，也都連帶著許多的關係，這種關係連帶關係的現象，便是因緣。事物的出現，是由於因緣的聚合，事物的消失，是由於因緣的分散，這就叫作緣生緣滅。

正因為宇宙間的萬事萬物，都是緣生緣滅的，都是變化無常的，也就證明一切的現象，都是假有的、暫有的、幻有的；從一個水面的泡沫到整個的世界，乃至太空的星球，都是一樣，都不是永恆的。既然不是永恆實在的，就證明是一切皆空的，所以佛教稱此道理為「緣生性空」。

佛教，一向被人稱為空門，原因就在於此。但是，大家對於佛教的空義，又是誤解的多。因為佛教的空，是說沒有固定不變的事物，這個空，相當於不實在的意思，而不是不存在的意思，多數人以為空了就一切都沒有了，其實，佛教是從緣生（關係）的分析上說明空無實體的道理；正像一輛汽車，如以化學家的眼光去分析，汽車就不實在了，汽車僅是各種元素及關係的結合而已，但從現象來說，當汽車尚未損壞到必須送進大熔爐裡重新熔鑄的時候，汽車還是汽車。

所以，佛教講緣生性空，是著重於本質的分析透視，從而警惕我人是生存在幻妄的境界中，不要為了幻妄的名利物欲而變成名利物欲的犧牲，這就叫作看破、叫作放下。看破的是現象的幻境，放下的是名利物欲的貪得無厭，而不是否定了現象的存在，所以佛教徒講本體是空，但仍不能離開幻有現象而存在，因為若無能力解脫生死，終究是在業力的造作與受報之中，業力也是幻有的，但卻能夠牽引生命的升墮而感受苦樂。

在這裡，不要忘了：一切現象的幻現幻有，都是由於眾生的業力之所感化。因此，若能悟透了緣生性空的道理，便能不受一切幻境的誘逼；不做一切幻境的奴才，而得自由自在，那就是一種解脫生死的工夫。人，一旦不受外在的境界所轉，他就可以不造生死之業而能解脫生死或自主於生死了。

這，就是佛教的基本教理。

佛教的根本教條是什麼？

從原則上說，佛教並沒有什麼教條，如果說有的話，那就是戒律。

但是，佛教的戒律，並不像其他的宗教是出於神意的約命，所以也不像其他的宗教含有神祕性。佛教的戒律，是根據倫理的要求而來，所以也是純理性的。

佛教的基本戒，就是五戒十善，雖然，佛教的教徒由於修持層次的不同而分有在家的五戒十善、八戒，以及出家的十戒、比丘戒、比丘尼戒，還有大乘的菩薩戒，但是均以五戒十善為基礎；也可以說其他各戒都是五戒十善的升格或詳細的分科。所以，如能把五戒十善守完善了，其他的戒也就不太困難。

所謂五戒，是指：不殺生、不偷盜、不邪淫（私通）、不妄語、不飲酒。

所謂十善，乃是五戒的擴大與加深，並且要戒作惡也戒不去行善，現在列表如下。

```
                              不殺生 ── 離殺生 ── 救生 ┐
                              不偷盜 ── 離偷盜 ── 布施 ├ 身三業 ┐
                              不邪淫 ── 離邪淫 ── 梵行 ┘        │
                        ┌─ 不妄語 ── 離妄語 ── 誠實 ┐          │
                        │           離兩舌 ── 和諍 ├ 口四業 ├ 十善業
   五戒 ─────────────────┤           離惡口 ── 愛語 │          │
                        │           離綺語 ── 質直 ┘          │
                        └─ 不飲酒 ── 離貪欲 ── 清淨 ┐          │
                                    離瞋恚 ── 慈悲 ├ 意三業 ┘
                                    離邪見 ── 正見 ┘
```

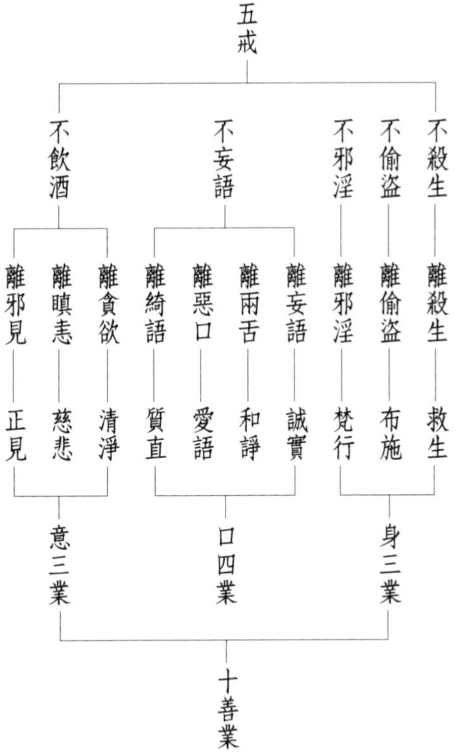

總之，佛教對於戒的要求是諸惡莫作與眾善奉行，凡是有害於身心、家庭、社會、國家、人類，乃至一切有情眾生的事，都要在這五戒十善的範圍之

內，盡量不做，否則，就要盡量去做。作了惡是犯戒，不作善也是犯戒。

不過，佛教是開明的。如果不知做的是犯戒的行為，雖做了也不算破戒，如果無心犯戒，雖犯了戒，也不成破戒的正罪；如果存心犯戒，結果縱然沒有破戒，還是有罪；如果女人遭受了惡人的強暴，只要女的不感受淫欲的快樂，雖被姦汙了，也不算犯戒，仍然是清淨。

犯戒，一定要心、境、事三者的相應相成，才得破戒的正罪。

信仰佛教必須吃素嗎？

不。素食雖是佛教鼓勵的事，但卻並不要求所有的教徒非得一律吃素不可。素食是大乘佛教的特色，是為慈悲一切有情眾生的緣故，所以在南傳地區的佛教國家乃至出家的比丘，都不堅守素食；西藏的喇嘛，也不守素食，但他們不親自殺生。

因為，五戒的第一條就是「不殺生」，信佛之後，如能實行素食，那是最好的事，若因家庭及社交上的困難，不吃素也不要緊，但是不可再去親自屠殺，也不可指揮他人屠殺了。買了屠死的魚肉回家，那是無妨的。

佛教對於菸酒賭博的看法怎樣？

佛教的戒律中並無戒菸的規定，甚至為了防止熱帶性的疾病，佛陀也准許比丘吸菸，但為了風俗及威儀的理由，中國佛教徒一向是不主張吸菸的。不過，有害身心的麻醉品及刺激品，佛教禁止，所以酒是五戒之一，飲酒的本身並非罪惡，酒精的刺激，使人在飲酒之後，卻可能引起罪惡的行為。根據這一觀點類推，佛教也不容許染上鴉片及海洛英等的不良嗜好。至於賭博，根本是勞神傷財與敗家喪志的東西，故在佛經中嚴格禁止（《長阿含經・善生經》）。同時，賭博的本身即是一種欺詐的行為，甚至因此而能犯殺人、竊盜、誹謗、惡口等罪，所以佛教是嚴禁賭博的。

信仰佛教必須出家嗎？

不。佛教的宗旨雖在解脫生死，出家雖是解脫生死的最佳途徑，但是，出了家的如不實修或修不得法，未必能夠解脫生死；不出家的，如能修持，也未必不能解脫生死。小乘佛教是以解脫道為依歸的，在家人也可修成小乘的第三果，三果雖未出三界，但也不再受生死，死後上生色界淨居天，再證四果阿羅漢，就入解脫之境了。所以在家人證到三果，也就相近於解脫了。

若照大乘佛教的觀點來說，為了化度眾生，菩薩隨類應現，到處化身，經常是化現在家人的身分，所以在有名的大菩薩中，除了地藏、彌勒之外，多數是現的在家相。印度的維摩詰居士及勝鬘夫人，都能代佛說法，但他們是在家人。所以，真正行菩薩道的佛教信徒，那是不一定要出家的。出家人在佛教中的地位崇高，乃是由於住持佛教教團而使佛教存在及弘揚的理由，也是由於教內倫理制度的理由。說得明白些：出家的佛教徒是佛教的骨架，在家的佛教徒是佛教的皮肉。在本體上說，出家的重要；從作用上說，在家的重要。因此，信了佛的，可以出家，但卻不是必須出家。

佛教的信徒共有多少等級？

從本質上說，佛教是主張平等的，所以人人都有信佛的權利，人人都有成佛的可能。但在修行的層次上說，所謂聞道有先後，術業有專攻，由於所持戒律的高下等次的不同，佛教徒便有男女的九種等級，那就是：近事男、近事女、近住男、近住女、沙彌、沙彌尼、式叉摩尼、比丘、比丘尼。

受了三皈五戒（十善）的在家男女，稱為近事；受持八戒或住於寺院的在家男女，稱為近住；受了十戒的出家男女，稱為沙彌及沙彌尼；受了具足（全部）大戒的出家男女，稱為比丘及比丘尼；式叉摩尼是佛制由沙彌尼至比丘尼之間的必經過程，但又是被中國佛教久已遺忘的一種名稱。此階段為時兩年，目的是在察驗女子曾否懷孕，以及能否習慣於出家的生活而設。

至於受了菩薩戒的人，不在等級之中，任一等級乃至異類的傍生，也可受持菩薩戒的。

怎樣成為一個佛教徒呢？

基督教的新舊各種教派，無不重視洗禮，經過洗禮之後，才算是合格的基督徒。這與印度外道以為在「聖河」中沐浴即可除卻罪惡的迷信行為相似。[1]

不過，若要加入正信的佛教，成為佛教的教徒，必須經過「三皈」的儀式，這一儀式的重要性，也像國王的加冕、總統的就職，以及黨員的入黨等，是打內心表現出來的一種效忠的宣誓、一種懇切的承諾、一種渴仰的祈求、一種生命的新生、一種虔誠的皈投，所以這在佛教看得極其重要。否則的話，縱然信佛拜佛，也不是合格的正科生，而是沒有註冊的旁聽生，這對於信仰心理的堅定與否，具有很大的作用。

三皈的儀式，是請一位出家的僧尼作證，並且教授三皈的內容，那就是：

我某某，盡形壽皈依佛，盡形壽皈依法，盡形壽皈依僧。（念三遍）
我某某，皈依佛竟，寧捨身命，終不皈依天魔外道。
我某某，皈依法竟，寧捨身命，終不皈依外道邪說。
我某某，皈依僧竟，寧捨身命，終不皈依外道邪眾。

三皈的儀式，簡單而隆重，主要是使自己一心一意地皈投三寶、依仰三寶，獲取聖潔而堅貞的信心。佛是佛陀，法是佛的言教，僧是弘揚佛法的出家人，從這三大對象的皈依，可以得到現前的身心平安，以及未來的解脫生死乃至成佛之道的無上至寶，所以稱為三寶，所以信仰佛教也就稱為皈依三寶。

⋯⋯⋯⋯

1 《增一阿含經》卷六〈利養品〉：有一婆羅門勸佛至孫陀羅江側沐浴除罪，佛以不與取、不殺生、不妄語、無增減心等告之洗罪。

佛教為什麼要信仰三寶？

信仰三寶的確是佛教最特殊的內容。其他的神教，或者唯信上帝（如猶太教及伊斯蘭教等），或者信仰聖父、聖子、聖靈（如基督教），或者加上聖母的崇拜（如天主教）。佛教，因為是無神論的宗教，所以不把佛陀當作神道來崇拜，也不以為佛是獨一無二的，更不以為佛陀能夠創造萬物或赦免人類的罪惡。佛教看佛陀，如同學生看老師，老師能教導學生，能使學生改變氣質、充實知能、修養身心，卻不能代為學習，也不能代替升學。

因此，佛教的信仰是純理性的，也是純倫理的。佛教對於佛陀的崇拜，相同於子女對於父母的孝敬，是出於報恩的情懷。一個正信的佛教徒，絕不會是為了避禍致福而崇拜佛陀，佛陀的願力雖能藉著祈禱的心力感應而產生神蹟，但那主要的還是祈禱者自己，如果是自己的定業現前，縱然祈禱，佛陀也是無能相助。若能依照佛所說的正法而行——如布施、持戒、忍辱、努力、修定、習慧等的行為，便可以改變往昔的業力，或者重罪輕報，或者輕罪消除——因為業力的現行受報，也像種子的發芽生長，須靠助緣的促成，同樣一粒種子，遇到陽光、空氣、水、土、肥料，以及人工的培植，必然長得快、長得大，相反地，如果缺少這些助緣，乃至沒有這些助緣，種子便會長得緩慢瘦弱乃至根本不能發芽了。佛教看善惡因果的造作與受報，也同這個道理一樣。所以佛陀的崇高偉大，不是由於造物與赦罪（根本無人可赦他人之罪——一神教的赦罪觀念，是由神權獨裁的混合產物），而是由於佛所親證的解脫之法，並且將此解脫之法說了出來，供給大家去如法修行，修行之後，便可解脫，乃至可跟佛陀一樣，使得大家都能成佛。

因此，佛教徒們，往往不願自稱為佛教徒，寧可自稱為三寶弟子。因為，佛教的發明者雖是佛陀，佛教所重視的，與其說是佛，倒不如說是法；佛不能代人解脫，法能夠使人自行解脫。崇拜佛陀，是為崇拜佛陀修證說法的恩德，佛陀經過三大無數劫的長期修行菩薩道的結果，親證了解脫之法，親證之後，便毫不保留地給我們奉獻了出來，所以，這一恩德的崇高偉大，要比世間一切恩德的總和更加崇高偉大到千百萬倍——何止千百萬倍？簡直是無法比喻也不可思議。

但是，佛法的流布，必須仰賴佛的幹部，那就是僧。僧有菩薩僧（如文殊、彌勒、觀音、地藏等），有聲聞僧（如舍利弗、目犍連、大迦葉等的羅漢），有凡夫僧（如一切持戒清淨，自修正法並能說法度眾的比丘及比丘尼）。由於僧能把佛陀的正覺解脫之法，傳流、傳布、傳授給了我們，為了法的理由，所以僧的恩德也是無量。

弘揚佛法，不限出家人，在家的佛子同樣可以。住持佛法，則非出家的佛子不可。所謂住持佛法，是指代表佛法、象徵佛法，並守持佛法而住於世間的意思。比如一般人同樣見到一個佛弟子，見到出家的，就會聯想到佛教，見到在家的，就不會產生佛教的印象（除非自行表白，但也不能逢人便說自己是佛教徒的）。

所以，佛法的發明是佛陀，佛教的重心是正法，佛教的住世是僧眾。正因如此，佛教尊稱佛、法、僧為三寶，主要的是有離苦得樂的法寶，法寶是由佛陀所證所說，由僧能持能傳，所以也都稱之為寶。

佛陀在世，佛教以佛陀為皈依的中心，佛陀滅後，佛教則以僧團為皈依的中心；皈依三寶，是為要學法寶，要學法寶，須由僧寶做良導——包括思想的傳授及行為的影響。所以佛陀滅後的佛教，供養三寶的對象，乃是偏重於僧寶。又因為佛教主張「依法不依人」的緣故，特別重視正法的流布與皈依，僧人的生活行為是他們個人的事，只要他們的見解正確，能夠開演佛法，縱然破了禁戒，仍該接受俗人的恭敬供養——這是倫理的要求，好像一般所說「天下無不是的父母」；又像小學的老師未必受過大學的教育，大學畢業的人，總不能否認小學時代的老師。

因此，對於一個正信的佛教徒來說，崇拜佛寶是由於法寶的理由，又為了法寶的信受，所以要崇拜僧寶。崇拜菩薩，也是敬僧的一種。對於聖僧大菩薩及阿羅漢，固然要恭敬供養，對於凡夫僧的持戒而能說法者，也要恭敬供養，乃至不持淨戒但有正見能說正法的出家人，也要恭敬供養（要緊的是要有正見，能說正法）。事實上，在去佛世已遠的時代之中，聖僧很難遇到，敬僧的對象，當是凡夫的比丘、比丘尼眾，經中也說供養凡夫僧與供養聖僧無異，同有不可思議的無量功德。

佛教的高明博大，三寶兩字即可概括無遺，所以信仰佛教，即是信仰三寶。對於僧寶的信仰，在佛陀時代，乃至迄今的泰、緬、錫蘭等國，根本視為當然的事。但在中國的佛教，敬僧的觀念，始終未能形成普遍的風氣；由於僧尼素質良莠不齊，一般所敬的出家人，僅是少數的高僧而已。上焉者是恭敬高僧的德學，下焉者是把高僧當作神道來盲目崇拜。正由於高僧信仰的風氣，也促成了一些劣僧的虛偽作怪，以期博得低級的神道式的崇拜。這些都是亟待修正的觀念，做為一個正信的佛教徒，他是不會如此的。[1]

1 《易經・觀卦》云：「觀天之神道，而四時不忒，聖人以神道設教，而天下服矣。」《易經・觀卦》之疏云：「微妙無方，理不可知，目不可見，不知所以然而然，謂之神道。」

娼妓屠宰漁獵販酒等人可以信佛嗎？

可以。佛教的恩德，浩如大海，只要能有一念信心，均可進入佛門，成為三寶的弟子。

雖然，佛教的五戒之中，禁止邪淫、殺生、飲酒。同時，也將上列的這些行業稱為惡業、邪業或不正業。但是，住於海島的人民，如果除了打漁不能生活；住於山區的土人，如果除了打獵就要挨餓；貧困的婦女，如果除了賣淫、賣笑、伴舞等，就不能從事其他的職業來謀求最低限度的生活所需；如果上一代經營屠業或酒業，自己也只學會了屠業或酒業的謀生技能。如果由於這些唯一的求生存的理由，佛教並不要求他們首先放棄了原有的行業再來信佛。不過，當他們一旦信佛之後，如果能夠設法改業的話，佛教是會積極地鼓勵他們的。因為佛教的宗旨，是在鼓勵大家都能從事於善良而正當的職業。何況那些行業的本身就是一種罪惡，不受戒者，雖無破戒之罪，但仍有其根本性質的罪過。

萬一由於各人實際狀況的原因，無法改業的話，佛教也不以為他們是破戒。因為，信仰佛教的初步，可以僅是皈依三寶。受戒持戒，雖是佛教所希望的，也是有很多功德的，但不是勉強的。如果不持戒就不必受戒，既沒有受戒，當然無戒可破，也沒有破戒的罪過。如要受戒，受戒的機會，隨時都在等待他們，五戒之中，能受幾戒就受幾戒，如果受了之後，不能持守，也可隨時捨戒，捨了戒再作惡業，也不算犯戒。捨了戒之後，也可以重新再受。要是不捨戒而破戒，破戒便是犯罪！

佛教，非常地寬大。雖然不能受持最起碼的五戒，只要能對三寶生起一念的信心或些微的敬意，就有很大的功德，就是種下了將來必可成佛的善根，何況是皈依了三寶？皈依三寶之後，只要求不另信奉其他的宗教，並不要求非受五戒不可。所以，佛教是不會拒絕任何一個願意信仰的人的。

佛教相信懺悔嗎？

是的，佛教確切地相信懺悔的功能。

佛教相信，除了重大的如殺生、偷盜、邪淫、大妄語（妄稱自己是聖人）等的已遂罪，必須隨業受報之外，其他的未遂罪，以及過失犯戒與威儀犯戒等罪業，均可依照佛所規定的方法懺悔。

懺悔的作用，是在毫不容情地自我反省和自我檢束；是在自覺心的警惕和自尊心的洗瀝，從此之後再不復犯；只要能有改過自新的決心，往事已過，不復追究，心地便會從罪惡感中得到解救，恢復平靜，這就是懺悔的功能。犯罪之後，必須坦誠地發露（以情節輕重，分向眾人、向三數人、向一人，乃至自對良心，吐露所犯的罪行，懇切悔過，決志不復再犯），否則，這一罪惡的陰影，勢將永藏心底，也就成為他日感受報應的種子；懺悔之後，這一罪惡所感的種子，也就隨即消失。

不過，懺悔的目的，是在自淨其心不復再犯，如果常常犯罪，常常懺悔，又常常再犯，那麼，懺悔的行為，便會失去應有的功用了。同時，佛教的懺悔絕不同於耶教的祈求上帝赦罪，佛教不相信有任何神祇能夠赦人的罪。佛教的懺悔是在洗刷染汙了的心，使之恢復清淨。

佛教相信天堂與地獄嗎？

是的，佛教毫不懷疑天堂與地獄的存在，因為天堂與地獄，都在生死範圍的輪迴之中。佛教相信，只要不出生死的界限，天堂、地獄，人人都有經驗的可能，甚至可說，人人都曾去過天堂、地獄。修了上品的五戒十善生天堂，造了十惡五逆的大罪下地獄。苦報受完了，地獄的眾生可以生天堂；福報享盡了，天堂的眾生可以下地獄。所以佛教相信，天堂雖好，不是究竟的樂土，地獄雖苦，也有出離的日子。

同時，由於所修善業的不等，天堂也有等次，由於所造惡業的輕重，地獄也分層級。

佛教所說的天堂，共分三界二十八天。接近人間的欲界天共有六層，往上的色界天共有十八層，再往上的無色界天共有四層。事實上，修善業的人，只能生在欲界六天，色界天及無色界天中除了色界上層的五淨居天是小乘的三果聖人所居，其餘都是修習禪定者所生的禪定天。

佛教所說的地獄，大大小小的有無量數目，那是由於獄中所受苦報的不同而分，主要則分為根本地獄、近邊地獄、孤獨地獄等三大類，佛經中通常所稱的地獄是指根本地獄。根本地獄的主要區分，則有上下縱貫的八大炎熱地獄，以及四方連橫的八大寒冰地獄。依照各人所犯罪業的差別等次，便到應到的地獄中去受報。通俗的說，下地獄是由鬼差獄卒的捉拿，就實而論，生天堂下地獄，都是由於各自的業力所感，業力傾向天堂就生天界享福，業力傾向地獄便生地獄受苦。

佛教相信閻王嗎？

從大體上說，佛教是相信有閻王的，因為，在許多的佛經中，都可見到閻王的記載（例如《中阿含經》卷十二〈天使經〉）。

但是，閻王並不是佛教首先發現的，佛教只是接受了印度古宗教的觀念而加以佛教化的。

在印度的古《吠陀》中，將宇宙分為天、空、地的三界，天界有天神，空界有空神，地界有地神，佛教的三界——欲界、色界、無色界，可能也是受了這一暗示而觀察分列的。至於閻王，在《吠陀經》中，稱為耶摩（Yāma），他本是天神，後來轉為人類的第一祖先——第一死者，但是他在天上，所以《梨俱吠陀》相傳，說人死之後，至天上第一面謁的，就是耶摩及司法神婆樓那，到了後出的《阿闥婆吠陀》中，則說耶摩執掌死亡，同時更有對人死後的裁判權，這個在天上的耶摩，倒有點像耶教的上帝了。到了佛教，才將天上的耶摩天（欲界第三天）王與地獄的閻羅王分了開來。

閻王司理死者的審判管理及處分，閻王在地獄中的地位，相當於上帝在天上的地位。佛教既不崇拜上帝，自然也不會崇拜閻王。同時，佛教雖在大體上為了隨俗教化的方便而相信閻王的存在，但在本質上並不肯定閻王的獨立性，故有部分部派佛教教派，相信閻王及獄卒均是由各個地獄眾生的業力所感——佛教相信唯識所現。

再說，正信的佛教，也不承認人死之後必須經過閻王的審判，在大體上只承認鬼道及地獄道的眾生，與閻王的職權有關。至於閻王派了獄卒來捉拿將死的人，那是民間的傳說，站在唯識所現的觀點上，佛教並不反對如此的傳說，那是自識的變現，所以佛典中也有類似的記載。

清朝的紀曉嵐，在他的筆記中，對於地獄及閻王界的情形，雖信而仍不得其解，他說世界之大，人有中外東西之別，何以凡從陰間得來的消息，只有中國人而不見外國人？難道中國的陰間跟外國的陰間也是兩個分治的世界嗎？其實，紀曉嵐如果懂得了佛教所說「唯識所現」的道理，這一疑問，就可迎刃而解了。中國人的心中只存有中國型的陰間，當然現不出聯合國型的陰間了。

佛教相信超度亡靈的功用嗎？

不用說，佛教是相信超度作用的。

不過，超度的功用，也有一定的限度，超度只是一種次要的力量，而不是主要的力量。所以修善的主要時間是在各人的生前，若在死後，由活人超度死人，雖以修善的功德迴向給死人，《地藏經》中說，死人也僅得到七分之一的利益，其餘的六分，乃屬活人所得。

同時，正信的佛教，對於超度的方式，跟民間習俗的信仰，也頗有出入。所謂超度，乃是超生樂土而度脫苦趣的意思，是仗著家屬親友們為其所修善業力量的感應，並不是僧尼誦經的本身有著超度的功能，乃是藉著超度者的善業及誦經者的修持而起的感應。1

因此，正信的佛教，超度工作的主體不是僧尼，而是亡者的家屬。亡者的家屬，若能在亡者臨終之際將亡者心愛的東西，供奉三寶，施捨貧窮，並且使得亡者明白代他做了如此的功德，那對亡者的死後，有著很大的幫助。那是由於一念的善業感應，以及臨終之際的心境安慰，所以他的業識也將感生善處。這是物以類聚的原理，不能說是迷信。若於亡者死後，兒女家屬以懇切虔敬之心，齋僧布施，做大善業，以其慇懃的孝心，也可感應亡者的超生，但此已經不如在亡者未死之前所做的受用大了。唯其孝心至誠，如地藏救母那樣地發大悲願，願為救母而生生世世救度苦海的眾生，憑這偉大的願力，尚可感通亡者，減少乃至滅除亡者的罪業，這不是無理的迷信，而是由於大孝心及大願心的感通，使得超度者的心力願力，化入感通了被超度者的業力，乃至彼此連通一氣，所以能夠超度。所以，在正信的佛教，死人的家屬，若要薦拔亡者，乃是供養三寶及布施貧窮，並不一定要求僧尼誦經，僧尼接受布施供養，僅為齋供者祝願而已；因僧尼誦經是日常的恆課，誦經是一種修持，也是為求明白修持的方法，目的不是超度亡者，施主供僧的功德，是由於成就了僧尼的修持生活而來，不是由於計工折價的誦經而來。佛教中雖有指示以誦經來超度亡者，那是希望各人親自誦經，萬一自己不會誦經，或以為自己誦的太少，才請出家人代誦。其實，僧尼是為佛法的住世及化世而設，不是專為超度亡靈而設。誦經的功德，是由於信仰佛法並修持佛法而來，所以並不限於僧尼才可誦經，更不是一定要在人死之後，才來誦經。

再說，超度的期限，最好是在死了七七四十九日之前；因為佛教相信，就凡夫而言，除了福業特別大的人，死後立即上生六欲天，定業深的人，死後立即上生禪定天，罪業特別重的人，死後立即墮地獄，至於一般的人，死了之後尚有四十九日的緩衝期間，等待業緣的成熟，再決定輪迴的去向。在這期間，如有男女家屬以供養三寶及齋僧布施的功德為之迴向超度，亡者便會由於善業功德的感應而得到超生的幫助，促成生於善道如人間天上之因緣的成熟。過了四十九日之後，已經隨著亡者自己的業力而去投生，那時再做超度的功德，只能增加他的福力，或減少他的苦難，但已不能改變他已經投生的處所了。

不過也有例外，如果是枉死，或者死得淒慘，由於怨結不解，他們縱然已經化生鬼道，還會在人間作祟，這就是通常傳聞的「鬧鬼」。這樣的情形，需要誦經超度（向其說法使其知所去處），佛力引薦往生善道。佛教通常稱鬼道眾生為「餓生」或「餓鬼」，所以往往用密法的咒力加持，變食施食的「焰口」及「蒙山」，對於平安鬼類的作祟，有特別顯著的效驗，這種功能的佛事，對於其他的宗教——神教而言，他們簡直沒有辦法。

當然，以上是就佛教本身的立場而說，事實上，向來請僧尼做佛事的中國人，未必就是佛教徒，甚至是不折不扣的儒者，如近人唐君毅先生，他是著名的新儒學者，但他母親去世之後，仍到香港的寺院中做佛事，並把靈位供在佛寺中，他因自嘆他的哲學，在這一方面用不上力，所以仍抱著「祀如在」的儒家觀念，尋求「慎終追遠」的安慰。像這樣的例子，可謂極多，如要他們完全照著佛教的觀念來做，恐怕不易，所以這是中國佛教必須求一解決途徑的一大課題。

1 《佛祖統紀》卷十五「有朋法師」傳：湖人薛氏婦早喪不得脫，其家齋千僧誦《金剛般若》，請（朋）師演說經旨。婦憑語曰：「謝翁婆一卷經今得解脫。」翁問：「千僧同誦，何言一卷？」答曰：「朋法師所誦者，蓋師誦時不接世語，兼解義為勝也。」

佛教相信功德可以迴向給他人嗎？

佛教確切相信，自己所修的功德，可以迴向給他人。

所謂迴向，就是從自己的方面，迴轉朝向他人的方面，這是屬於心力的感應，這在上面一節中已經大略說過。這是由於自己的心力通過諸佛菩薩的願力而達於所要迴向的對方；這像天空的太陽光通過反射物（如鏡或金屬體）的折射，便可使戶外的太陽光照射到室內的黑暗處，室內的黑暗處，雖未直接曝曬到太陽，卻接受了迴向而來的太陽光。

同時，雖把功德迴向給他人，自己的功德仍然絲毫不損，這在佛經中有一個比喻：一盞燈，可以點燃許多燈，這盞燈雖然點了許多盞燈，卻不會因為點燃其他的燈而就減弱了自身的燈光。

因此，凡是正信的佛教徒，每做一樁功德，都會發願迴向給一切的眾生，這也正是慈悲心的自然流露。

佛教相信輪迴是確實的嗎？

這個問題的答案是肯定的。佛教相信，除了已經解脫生死（如小乘的阿羅漢）或已經自主生死（如大乘的聖位菩薩）的聖者之外，一切的眾生，都不能不受輪迴的限制。

所謂輪迴，實際上是上下浮沉的生死流轉，並不真的像輪子一般地迴環。輪迴的範圍共有六大流類，佛教稱為六道，那就是由上而下的：天道、人道、修羅（神）道、傍生道、鬼道、地獄道，這都是由於五戒十善及十惡五逆（十善的反面是十惡，殺父、殺母、殺羅漢、破壞僧團的和合、出佛陀的身血，稱為五逆）而有的類別，五戒十善分為上、中、下三品，感生天、人、修羅的三道，十惡五逆分為下、中、上三品，感生傍生、鬼、地獄的三道。作善業，生於上三道，作惡業，生於下三道。在每一類別中的福報享盡或罪報受完，便是一期生死的終結，便又是另一期生死的開始，就這樣在六道之中，生來死去，死去生來，便稱為輪迴生死。

不過佛教特別相信，眾生的生死範圍雖有六道，眾生的善惡業因的造作，則以人道為主，所以，唯有人道是造業並兼受報的雙重道，其餘各道，都只是受報的單重道，天道、神道只有享受福報，無暇另造新業；下三道只有感受苦報，沒有分別善惡的能力；唯有人道，既能受苦受樂，也能分別何善何惡。佛教主張業力的造作熏習，在於心識的感受，如若無暇分辨或無能分辨，縱然造業，也不能成為業力的主因。所以，佛教特別重視人生善惡的行為責任。

正因為造作業力的主因是在人間，所以上升下墮之後的眾生，都還有下墮上升的機會，不是一次上升永遠上升，一次下墮永遠下墮。

人間眾生的造作業因，是有善有惡的，是有輕有重的，人在一生之中，造有種種的業，或善或惡，或少或多，或輕或重。因此受報的機會，也有先後的差別了。所以，人在一期生命的結束之後，朝向輪迴的目標，有著三種可能的引力，第一是隨重：一生之中，善業比惡業的分量重，便先生善道，善道的天業比人業重，便先生天道；如果惡業比善業重，便先生於惡道，惡道的地獄業比傍生業重，便先生於地獄道，受完重業的果報，依次再受輕業的果報。第二是隨習：人在一生之中未作大善也未作大惡，但在生平有一種特殊強烈的習氣，命終之後，便隨著習氣的偏向而去投生他的處所，所以，修善學佛，主要是靠日常的努力。第三是隨念：這是在臨命終時的心念決定，臨終之時，如果心念惡劣，比如恐怖、焦慮、貪戀、瞋惱等等，那就很難不墮惡道的了，所以佛教主張人在臨死或新死之時，家屬不可哭，應該代他布施修福，並且使他知道，同時宣說他一生所做的善業功德，使他心得安慰，使他看破放下，並且大家朗誦佛號，使他一心嚮往佛的功德及佛的淨土；若無重大的惡業，這種臨死的心念傾向，便可使亡者不致下墮，乃至可因亡者的心力感應了諸佛菩薩的願力，往生佛國的淨土——這是佛教主張臨終助念佛號的主要原因。

民間的信仰，以為人死之後即是鬼，這在佛教的輪迴觀中是不能成立的，因為鬼道只是六道輪迴的一道，所以人死之後，也只有六分之一的可能生於鬼道。

佛教相信靈魂的實在嗎？

不。佛教不相信有一個永恆不變的靈魂，如果相信了靈魂的實在，那就不是正信的佛教徒，而是「神我外道」。

不錯，在一般人的觀念中，除了他是唯物論者，往往都會相信人人都有一個永恆不變的靈魂，晚近歐美倡行的「靈智學會」，他們研究的對象，也就是靈魂。基督教、伊斯蘭教、印度教、道教等的各宗教，多多少少也是屬於靈魂信仰的一類，以為人的作善作惡，死後的靈魂，便會受著上帝或閻王的審判，好者上天堂，壞者下地獄。

在中國的民間，對於靈魂的迷信，更是根深柢固，並且還有一個最大的錯誤，以為人死之後的靈魂就是鬼，靈魂與鬼，在中國民間的信仰中，乃是一個糾纏不清、分割不開的大問題。更可笑的，由於鬼類有些小神通，又以為靈魂是「三魂七魄」組成的集合體了。

其實，鬼是六道眾生之一，正像我們人類也是六道眾生之一一樣，生為人，固然有生有死，生為鬼，同樣有生有死（人是胎生，鬼是化生），何況人死之後不一定就生為鬼，這在下一節中另予說明。

而於靈魂，中國民間的傳說很多，往往把人的生死之間，用靈魂做為橋樑，生是靈魂的投胎，死是靈魂脫離了肉體，把靈魂與肉體的關係，看同房子與屋主一樣，老房子壞了，搬進新的房子，房子經常在汰舊換新地搬進搬出，住房子的人，卻永恆不變地來來去去。這也就是說，人是靈魂套上了肉體的東西，肉體可以換了又換，靈魂是一成不變的，以為靈魂就是我們生死之流中的主體。

事實上，正信的佛教，並不接受這一套靈魂的觀念，因為這在緣起緣滅的理論上不能成立，站在「生滅無常」的立足點上，看一切事物都是生滅無常的，物質界是如此，精神界亦復如此。用肉眼看事物，往往會發生「成而不變」的錯覺，若用精密的儀器去看任何事物，無不都在剎那變化之中，《易經》所說的「生生」，其實在生生的背後，也包含著死死，也就是變變或化化。

物質界的物理現象，既然是生生不息的，再看精神界的心理現象，那就更容易覺察出來了，因為心理現象的產生，就是由於精神的變動而來。心理現象的變動，促成了人我行為的或善或惡，善惡的行為，又會反轉身來影響到心理現象的傾向，我們的前程遠景，便是靠著這種心理促成行為，行為影響心理的循環作用而定。

那麼試問：靈魂的不變性，靈魂的永恆性，那是可能的嗎？當然是不可能的，不要說死後沒有固定的靈魂，縱然活著的時候，我們的身心也都是活在剎那不停地變了又變而變變不已之中。照這樣說，佛教既不相信靈魂，那麼，佛教所說六道輪迴與超凡入聖的本體，究竟又是什麼呢？

這就是佛教特殊優勝的地方，既不看重自我的永久價值，卻又更加地肯定了自性的昇拔價值。

佛教主張「因緣生法」、「自性本空」，佛教看物質界是因緣生法，看精神界也是因緣生法。因緣聚合即生，因緣分散即滅，大至一個星球、一個天體，乃至整個的宇宙，小至一莖小草、一粒微塵、一個原子，無一不是假藉了內因與外緣的聚集而存在，除去了因與緣的要素，一物也不可能存在。所以，從根本上看，是空無一物的。這在研究物理化學的科學家們，可以給我們正確而正面的答案。

至於精神界呢？佛教雖不承認靈魂的觀念，但絕不是唯物論者。佛教的精神界，是用一個「識」字做為命名，小乘佛教只講六個識，是以第六識做為連貫生命之流的主體，大乘佛教增加兩識，共有八識，是以第八識做為連貫生命之流的主體，我們把小乘的放在一邊，單介紹大乘的八識。

大乘佛教的八個識，前六識同小乘的名稱一樣，只是將小乘第六識的功用更加翔實地分析，而分出了第七識與第八識。

實際上，八個識的主體只有一個，由於功用的劃分而給了它們八個名字，因為前七識的為善為惡，都會把帳目記在第八識的名下；第八識是一切業種業因的倉庫，這個倉庫的總管是第七識，搬進搬出是第六識，製造作業是前五識。

這樣說來，第八識的功能，是在儲藏，但不等於只進不出的守財奴。不斷地由外面藏進去，也不斷地從裡面搬出來，藏進去的是行為影響心理而印入心田，稱為業因或種子，搬出來的是心理促成行為而感受行為，稱為業果或現行。就這樣進而出，出而進，種子而現行，現行而種子，在一期生命之中是如此，轉生到二期、三期，乃至無數期的生命中去也是如此，由現世今生的因果對流，到無數過去和未來世的因果迴還，都不出於這一種子而現行與現行而種子的律則，因此而構成了生命的連貫與生死的相續。

正因為種子與現行的經常乃至剎那不息地進進出出，所以第八識的本質，也在經常乃至剎那不息地變動不已，不要說這一生的第八識的質量與前後生是不同的，即使前一念到後一念也就不同了，正由於念念生滅、念念不同，我們才會有浮沉生死而至越超生死的可能。所以，第八識的存在，便是存在於這一剎那變動的業因與業果的連續之間，除了業因與業果的變動連續，也就沒有第八識的本質可求；正像水的潮流，是由於水的連續而有，離了相續不斷的水性，也就沒有潮流可求了。佛教教人修持解脫道的目的，就是在於截斷這一因果相續的生死之流，等到第八識的作用完全消失，既不藏進去什麼，也不拿出來什麼，那就成了空性，那在佛教稱為「轉（煩惱）識成（清淨）智」，不受生死的支配，而能自由於生死之中。

可見佛教的第八識，並不等於永恆的靈魂，如果迷信有個永恆的靈魂，那麼超凡入聖的解脫生死，也就成為不可能了。佛教在觀念上否認有靈魂，在目的上也在否定第八識，唯有否定了由煩惱無明接連而假現的第八識之後，才是徹底的解脫。不過，第八識被否定之後，並非等於沒有，乃是非空非有的智體的顯照，而不是無明煩惱的纏繞不清。

佛教崇拜神鬼嗎？

很明顯的，一個正信的佛教徒，唯有崇拜佛、法、僧——三寶，絕不崇拜神鬼，但是，正信的佛教並不否認神鬼的存在，因為神鬼也是六道輪迴的兩大流類。所以，佛教所說的神不是神教所說的上帝，佛教所說的鬼，也不是神教所說的魔鬼。佛教所說的神也是凡界的眾生，佛教所說的魔是在欲界的第六天，所以佛教的魔是魔、鬼是鬼。佛教的魔，也有四種：天魔、五蘊魔、煩惱魔、死魔，除了天魔，其餘三魔也都出於各人自我的生理及心理。

佛教的神，通常是在天與鬼之間，大福的鬼便是神，天的扈從往往是神。鬼有多財鬼、少財鬼、餓鬼，多財大福鬼，雖在鬼道，也享天福，民間一般所崇拜的神，多半就是大福的鬼。神有天神、空神、地神，又可分天神、畜神、鬼神，民間一般所崇拜的牛鬼蛇神、草木精靈、山川等神，多是地神、畜神和鬼神。在佛經中通常提到的是八部鬼神，那就是：天神、龍神、夜叉（飛空鬼）神、乾闥婆（天音樂）神、阿修羅神、迦樓羅（金翅鳥）神、緊那羅（天歌唱）神、摩睺羅迦（大蟒）神。這八部鬼神，有善的也有惡的，善的通常是受佛教的感化而來為佛教做護法的。因此，正信的佛教徒，並不崇拜神鬼，僅對神鬼保持若干程度的禮遇，假如一個正信的佛教徒崇拜了神鬼，在原則上是有罪的。同時，善神都會自動地護持皈依了三寶的人，故也不敢接受三寶弟子的崇拜；正因為有了善神的護持，惡神惡鬼也不敢作弄或侵犯已經皈依了三寶的佛教信徒。

佛教徒相信祈禱的功能嗎？

是的，佛教深信祈禱的功能。事實上，從靈驗的程度及靈驗的比例上考察，佛教遠比其他神教的祈禱功能更顯著、更有力、更可靠。

祈禱的原理，是以祈禱者的心力——由強烈的信念所產生的一種超自然的精神統一的定力，去感應被祈禱者（如諸佛菩薩）的大悲願力，自己的定力與佛菩薩的願力相應相接，便會產生一種不可思議的神力，那就是祈禱所得的經驗或靈驗。在大乘佛教的中國地區，祈禱觀音菩薩的靈驗，最為卓著。再說，一個虔敬的三寶弟子，本來就有善神的護持，只要信念堅強，若遇到突發的變故，雖不臨時祈禱，也會逢凶化吉。因為祈禱的功能，是由堅強的信念中產生，所以，凡是信念堅強的人，也就等於時刻都在祈禱的功能之中。

不過，佛教雖然深信祈禱的功能，但也並不強調祈禱的萬能。比如佛教徒生了病，祈禱是要緊的，如果病人有自信的把握，能夠憑他虔誠的祈禱，便可感應痊癒。所以，說法聞法也能醫病（《增一阿含經》卷六及《雜阿含經》卷五等）；如果病人沒有自信和把握，也缺乏祈禱的經驗（是指效驗），那就應該延醫診治了，所以，雖在釋迦世尊的當時，比丘們患了病，通常也多用醫藥治療。[1]

因此，一般相信：佛法，主要是醫眾生生死的心病；醫藥，能治血肉之軀的身病。有了病痛，祈禱是應該的，診療也是必須的——這是正信佛教徒的見解。

…………

1 「佛如醫王，能治一切諸煩惱病，能救一切生死大苦。」（《華嚴經．入法界品三九之一六》）

佛教是主張焚燒紙庫錫箔的嗎？

不，佛教中沒有這一項迷信的規定。

中國人用紙錢焚燒的習俗，是自漢朝以後開始，比如唐朝的太常博士王嶼說：「漢以來，喪葬皆有瘞錢，後世里俗稍以紙寓錢為鬼事。」（編案：此句出自《新唐書．王璵傳》，記載從王嶼開始使用紙錢，非王嶼所說）這是說從漢朝開始，人死之後，喪葬之時，要用錢幣與死人同葬。因為中國自古以來，都以為人死之後便是鬼，所以《說文解字》也說「人所歸為鬼」，人死既為鬼，擬想鬼的世界也同人間一樣，只是陰陽兩界不同而已，故以為鬼也需要生活，也需要用錢，所以就用錢幣殉葬。後來有人覺得用真的錢幣太可惜了，便用紙來剪成錢的形狀，以火燒了給鬼用。到近代，由於紙幣的流通，「冥國銀行」的冥幣，也大量發行了！[1]

這種低級的迷信，幾乎是各原始民族宗教的共同信仰，以物器、錢財、珠寶、布帛，乃至還有用人及畜牲來殉葬的。

至於用火焚燒，可能與拜火教有關，相信火神能將所燒的東西傳達給鬼神。印度教《梨俱吠陀》中的阿耆尼（火神），就有如此的功能。

中國民間，用紙錢、用錫箔，當作錢幣、當作金銀，又有用紙糊篾紮的家具、雜物、房屋乃至現代的汽車、飛機、輪船等等，以為焚燒之後，就被鬼去受用了。

事實上，佛教不以為人死之後即是鬼，做鬼僅有六分之一的可能。佛教更不相信經過焚燒之後的紙庫錫箔能夠供鬼受用。佛教只相信死人的親屬可以用布施、供佛、齋僧的功德，迴向亡靈、超度亡靈。其他的一切，都是毫無用途的迷信。佛教不唯不主張以物品殉葬，佛教更主張人死之後，不可用貴重的棺木、不可穿高價的衣服、不可動用過多的人力與物力；應該換上日常所穿的乾淨舊衣服，將好的新的衣物全部布施給貧苦人家，如果有錢，應該多做布施貧窮及供奉三寶的功德。唯有如此，亡靈才能得到真正的益處。否則把好好的東西埋了燒了，那是最愚癡的行為，更不是一個正信佛教徒的作為。

可惜的是，今日的許多僧尼，並不懂得這一層道理，甚至從大陸到了臺灣的佛教徒，還發明了另一種叫作往生錢的紙錢，在一小張的黃紙上，用紅水印上梵文字母的〈往生咒〉，就當作鬼用的錢了。其實誦咒的功效，與燒紙的作用，根本是兩回事。如果根據佛經來說，印好的經是燒不得的，燒了是有罪的。

再有，現時的僧尼們為人家誦經、拜懺、放焰口乃至打水陸，都要寫文疏，宣讀之後，即予焚化，這是學了符籙派的道教向其所崇奉的神祇們奏疏及化符驅鬼等的迷信，於佛教教理毫無根據。佛教一切都主張虔誠心的感應，如果心力到了，不用焚疏，必然有用，否則的話，縱然焚化了千百張的字紙，又有什麼用處？

....

1 參閱《佛祖統紀》卷三十三〈法門光顯志〉第十六，「寓錢」條（《大正藏》四十九．三二二頁）。

佛教深信因果定律的正確性嗎？

是的，佛教相信因果定律的正確性，正像大家相信吃飯可使胃囊滿足那樣的正確。

一般人懷疑因果律的可靠性，是因為僅僅站在當下一生的立足點上，來看善惡報應的不公平：有人吃苦行善一輩子，不但沒有好報，甚至還不得好死！有人貪贓枉法、為非作歹，卻在法律的漏洞裡逍遙自在，福壽雙全。

其實，佛教的因果律是通看三世的，人，除了現在一生，已有過去的無量數生，尚有未來的無量數生，現在這一生，若將過去及未來的生命之流連貫起來看，實在還不及石火光影那樣地短促渺小。善惡因果是貫通了三世漸次受報的，業力的大小輕重，便決定了受報的先後等次。今生的修善作惡，未必即生受報；今生的禍福苦樂，未必是由於即生的因素；今生多半的遭遇，是由於往世業力的果報；今生的所作所為，多半尚待到後世感報。若把三世看通了，心裡也就平服了。

再說，佛教所講的因果律，也不是像一般人所誤解的宿命論或定命論。佛教相信，唯有重大的業力不能轉變而被稱為定業之外，人是可以憑後天的努力而來改善先天的業因的。比如前世只造了窮人的業因，今世果然也感生為窮人的業果，但是，生為窮人不要緊，只要自己肯努力，窮困的生活環境是可以改造的。這是將過去的因加上現生的因，綜合起來，就是當下的果。所以，佛教的因果律，不是宿命論也不是定命論，而是不折不扣的努力論。佛教如果落於宿命論或定命論的泥沼，眾生成佛的理論，也就不能成立，既然一切命運都是前世決定了的，人生的修善，豈不等於白費？

可見，佛教的因果定律，也是不離緣生法則的。從過去世的業因到現在世的業果，中間尚須加入許多的外緣，方能成為業果的事實，這些外緣，就是現世的努力與懈怠、作善與作惡。正像一杯糖水的本質是甜的，假若加入了檸檬或咖啡，便會改變那杯糖水的味道一樣。

總之，佛教的因果律是貫通過去、現在、未來的三世，而又連結過去、現在、未來三世的。現世承受先世的業因，成為現世的業果，現世的行為造作，既然即是後世的業因，也可加入先世的業因，成為現世的業果。

因果的道理聽來簡單，說來並不簡單。佛教，就是這麼一個看似簡單而實際並不簡單的宗教。

佛教徒都願往生極樂世界嗎？

凡是正信的佛教徒，不會希望以生天為最終的目的，這是很明確的，因為除了五淨居天及彌勒的兜率內院，生天尚在輪迴生死的凡界。

凡是正信的佛教徒，都願解脫生死，這也是很明確的，因為唯有脫離了生死的輪迴，才會得到永恆的安樂。

極樂世界，是由阿彌陀佛願力所成的佛國淨土，但在十方法界之內，有著十方的諸佛淨土，西方的極樂世界，只是無量佛國淨土中的一個。所以，佛教徒之中也有不願往生西方極樂世界而願往生其他世界的，比如東晉時代的道安大師，唐代的玄奘大師及窺基大師，以及近代的太虛大師，都願往生本界（大千世界）兜率內院的彌勒淨土。

如果是悲願宏深而信心堅強的佛教徒們，也有不願往生他方的佛土，而願生生世世在人間度化的。

至於南傳上座部佛教區域的佛教徒，根本不知道有極樂世界的存在，那裡的出家人，最高的期望是即生修證阿羅漢果而解脫生死，如果一生不成，期待轉生繼續修證，他們不知極樂世界，也不相信極樂世界，如果大乘佛教告訴他們有個極樂世界，他們或可相信，但相信是在天上。（見《海潮音》四十五卷四月號二十一頁）

不過，極樂世界的存在，對於真常唯心一系的大乘佛教而言，乃是深信不疑的。由於阿彌陀佛的慈悲願力，極樂淨土的蓮池之中，蓮華分為九品，即使造了五逆十惡的人，若能於臨命終時，至心稱念阿彌陀佛，令聲不絕而具足十念者，便可帶業往生極樂世界下品下生的蓮華之中，過了十二大劫之後，蓮華開放，得見觀音、勢至二大菩薩為之說法，開示諸法實相即緣生性空的道理（《觀無量壽經》）。一旦悟透了諸法實相，實證了諸法實相——諸法緣生，體性本空，便可破除一切的善惡觀念，一切的善業惡業也就一時抖落。那就叫作業障消除，那就不再受到業力的牽制，不再糊塗地沉淪生死，唯有乘著各自的悲願，再來人間，自主生死，行菩薩道，稱為「不違安養入娑婆」。所以，彌陀淨土的安立，確是最最安全、最最方便，也最最可靠的一種信仰，這也正是許多沒有自主把握者的最佳安慰與最大恩德。

可是，《阿彌陀經》說，不可能以微少的善根之因及微少的福德之緣，往生極樂世界，所以彌陀的願力雖大，仍要依靠各自在平日的修善積福。否則，到了臨命終時，恐怕連念佛的能力都沒有了，那時候，阿彌陀佛雖願伸手救濟，也是愛莫能助了。

佛教重視神蹟嗎？

神蹟，在佛教稱為神通。

佛教承認神通的事實，也承認神通的功用，並且，佛教的神通境界，遠在其他的一切宗教之上。

佛教將神通分為六大類，那就是：神足通、天眼通、天耳通、他心通、宿命通、漏盡通。

佛教相信一切神鬼多有由果報而得的神通，一切凡夫仙人，也可以有由修禪定而得到神通（耶教的祈禱，至其心力完全統一集中時，也是定）。但是，凡夫及神鬼，只有或多或少、或深或淺的前五通，唯有佛教已經解脫了生死的大、小乘聖者，才能另加一通，稱為漏盡通，那就是六通具足了。

可是，佛教並不以為神通是萬能的，在因果律的原則下，眾生的生死禍福，都是出於善惡業力的自作自受，神通的功用雖大，卻不能破壞因果的律則，凡是決定性的重大業報，縱然以佛陀的神通，也不能把局勢全部扭轉，否則，因果業報的理論，便將無從成立。因此佛陀在世，雖曾現過不少的神通，但不輕易現神通；佛陀座下的許多羅漢大弟子，也多有相當神通的，佛陀卻不許他們當著俗人現神通（《根本說一切有部毘奈耶雜事》卷二及《律攝》卷九）。因為佛陀知道，神通雖可使人轟動一時，如果現得不能恰到好處，便會招致相反的惡果！

對於神通的問題，如有興趣，可以參閱另一篇拙作〈神通的境界與功用〉（此文收錄於《學佛知津》一書中）。

佛教是崇拜偶像的嗎？

是的，佛教徒對於佛菩薩的聖像，有著崇高的敬意。不過，佛教徒對於佛菩薩聖像的崇敬與頂禮，並不像基督徒所以為的那樣幼稚、那樣罪惡！

凡是正信的佛教徒，並不會把塑畫雕刻的聖像，當作就是佛菩薩的本身（《增一阿含經》卷二十八，以觀空為禮佛），所以也絕不同於低級信仰的庶物崇拜。

正信的佛教徒，對於聖像的崇拜，目的是在藉著聖像的崇拜而將信仰的力量感通佛菩薩的悲願。正像靶場的射手，將視線由瞄準口通向準星，再對準靶子的紅心，射擊的目標雖在靶子的紅心，要想射中靶子的紅心，卻須首先通過瞄準口及瞄準星。當然第一流的射手，並不需要按照瞄準基本動作瞄準；同樣地，一個已經悟透了佛法的佛教徒，便會發覺佛的本身是遍滿虛空而充塞法界的，那就根本用不著偶像來做為感通感應的媒介。所以唐朝禪宗的丹霞祖師（西元七三八—八二四年），曾把木雕的佛像，取來燒火烤手的公案（《五燈會元》）。但在尚未證悟的佛教徒來說，豈能不敬佛菩薩的聖像？正像一個國家的國民，豈能不敬國家元首的肖像？

佛教徒是反對自殺的嗎？

是的，在戒律之中有著明確的規定，佛教徒不可以自殺，如果自殺，那是有罪的。（見《四分律》調部之二及《律攝》卷三）此所謂自殺，是指為了厭惡此一生命的存在，誤以為自殺之後，便可得到解脫而言。

因為佛教徒主張因果定律，若不證悟諸法實相，若不以修持的工夫解脫生死，自殺是沒有用的，業報未盡，即使自殺，也將再接受另一期的生死，正像一個欠了債的人，為了躲避債主的追討而將戶口從甲地遷到乙地，那是不中用的，遲早一些債主仍會找到他的。所以，佛教徒反對自殺，佛教鼓勵人生的建設，利用這一生的存在而做修善的努力，以改造現實的乃至未來的命運。

然而，佛教不是鼓勵自私的宗教。如果為了救濟眾生，在必要時可以捨身，如果為了維護神聖的信仰，在必要時可以殉教；並且，一個真正的菩薩道的實行者，應該是頭目身肉，無一不能施捨的，比如釋迦世尊在往昔生中的菩薩階段時，曾經屢屢捨身，如《法華經》中說「無有如芥子許，非是菩薩捨身命處」，便是最好的說明。其實《雜阿含經》卷三十九及四十七，就有三位羅漢自殺，佛陀倒是贊成的。

佛教是厭世與出世的宗教嗎？

這個問題，可以有兩種答案：一是肯定的，一是否定的；從表面看，應該是肯定的，從通體看，應該是否定的。

佛教的宗旨，是在解脫生死，有生有死是世間法，不生不死是出世間法；世間法中有生死，所以苦多樂少，變幻無常，乃是不足貪戀的。佛教形容世人貪戀世間的財色之樂，如同無知小兒貪吃刀鋒之蜜，不足一餐之美，卻有割舌之患（《四十二章經》）；五欲（財、色、名、食、睡）之樂，猶如手搔疥瘡，正搔之時癢得快活，剛搔過後痛苦即至。所以，世間的快樂是瞬間的，世間的痛苦是長久的。

為了厭離這個苦多樂少的世間，所以要求解脫生死。可見，佛教是厭世的，也是出世的。

然而，佛教不是自私自利的宗教。除了自己出離，也要設法使得一切的眾生都能出離。所以，如人希望成佛，必須先行菩薩道，菩薩道的實踐者，必須是更深入、更擴大地入世，唯有打入了世間的群眾之中，才能化導群眾，為了化導群眾，必須更積極地肯定人生的行為價值，並且發揮人生的道德價值，否則，自己在群眾之中沒有過人的貢獻，沒有特殊的服務，沒有卓越的表現，群眾豈能心悅誠服地接受化導？所以，凡是正信的佛教徒，無有不以入世為手段的。可知，厭世是入世的啟發，出世是入世的目的。

雖然，小乘的聖者，有些是自了的羅漢，入了涅槃之後，也不打算再來世間。但是《法華經》中又說，凡是真羅漢，終究必將迴小向大，發大乘心，行菩薩道。

從信佛到成佛需要多少時間呢？

說起來，這是非常遙遠而艱難的事。解脫生死，並不太難，證辟支佛果，多則百劫，速則四生；一生三生，多至百劫，可證阿羅漢果；利根人修大乘道，即世可登六根清淨位（已到生死的邊際，即將進入初地的聖位了）。但要成佛，那就不簡單了。通常都說從信佛到成佛，共需三大無數（無數並非沒有數，而是不容易數）劫，一個劫，就已很長了，何況是三大無數劫？在這漫長的時間過程中，廣利眾生，行菩薩道，若能特別精進努力，也可以把時間縮短，否則也可延長。總之，不到福德智慧的究竟圓滿，不能把教化救濟的恩澤遍及十方，充滿法界，便不能夠成佛。

其實，時間及空間的觀念，乃是屬於凡夫的分別作用，若到聖位的菩薩，根本不做這種計較；因為，時間及空間的施設，僅是物理世界的標誌，到了純精神界，時間的長短，空間的大小，根本無從安立。就拿常人的夢境來說，就已不受尋常的時空所限制了，何況是出世的聖人？所以，佛經中有長劫入短劫，短劫入長劫，一劫入一切劫，一切劫入一劫，一念入三世，三世入一念，大千世界入一微塵，一微塵如大千世界，乃至一毛孔中納無量世界等的記載（《華嚴經》），看來似是無法相信的神話，如能客觀而深切地設想一番，也就覺得不無道理了。當然，如想實證這種境界，絕非凡夫所能辦到。

立地成佛是真的嗎？

是的，「放下屠刀，立地成佛」，是佛教的教訓，正像世俗所說「浪子回頭金不換」的教訓一樣。

不過，浪子回頭的可貴，是在能夠改邪歸正，既然改邪歸正之後，必須要積極地重建他的人生，才能達到「回頭」的目的，才有「金不換」的價值可言。因此，佛教所說的「放下屠刀，立地成佛」，也只是從正面的自性——佛性上做的肯定，不必就是真的當下成就了無上的正等正覺——佛的果位。

所以，在天台宗的圓教的佛，共有六種，稱為六即（詳見下表）。

表內所舉的六種佛，第一種是指一切的眾生，所以佛說「一切眾生，皆有佛性」——大地眾生均有如來智慧德相，就是指的「理即佛」。第二種是指已經聽了佛法的人，知道自己本有佛性，本來就有成佛的可能。第三種是指已在修持佛法，已能降伏（不是斷除）煩惱的人。第四種是指已經六根清淨快要進入聖位的人。第五種是指初地以上的聖位菩薩。到了第六種，才是真正的成佛，才是佛果的圓滿，才是無上正遍知覺。

六即				圓教八位
1. 理即佛：是指眾生本來具有的理體覺性	佛性（唯具佛性）	外凡		內凡
2. 名字即佛：是指聞知自己有此佛性之後，能夠豁然而悟（唯解佛性）				
3. 觀行即佛：是指念念自觀其心，降伏煩惱	弟子五品位：隨喜、讀誦、說法、兼行六度、正行六度	外品		
4. 相似即佛：是指修持的功用已深，已至六根清淨位	十信位	內品		
5. 分證即佛：是指已入聖位，分分破除無明，分分實證覺性	佛性	十住位、十行位、十迴向、十地位、等覺性		聖因
6. 究竟即佛：是指無明斷盡，功德圓滿，圓證覺性	無上正等正覺	妙覺位		聖果

由此可見，「立地成佛」的佛，大概是指第一種的「理佛」或第二種的「名字佛」，而不是第六種的「究竟佛」。因為從「放下屠刀」的時候起，已是佛性圓成的起步點，稱為「立地成佛」，等於是說「回頭是岸」。事實上，放下屠刀並非馬上就是佛，苦海回頭也並不立即就在岸上啊！

懂了這一層道理，對於禪宗的開悟，也可以觸類旁通了。許多人以為「即心即佛」、「明心是佛」、「無心是佛」、「見到未出娘胎前的本來面目」等等，都是成佛的意思，並且以為一旦開悟，「黑漆桶兜底打穿」，便是成佛了。

其實，開悟並不即是成佛，乃至也並不即是見道，比如宋朝的大慧宗杲禪師，自稱他一生用功，大悟十八次，小悟不知其數。可見，開悟並非成佛，如說開悟即是成佛，乃是成的「理佛」乃至「相似佛」，而絕不是「究竟佛」。充其量，禪宗的開悟，相近於「得法眼淨」——見道——小乘的初果、大乘的初地而已，所以禪宗破了三關——本參、重關、牢關之後，才是走出生死之流的邊沿。如果以天台圓教的「六種即佛」來衡量，禪宗破了第三的牢關，也僅同於第四「相似即佛」位。正因如此，禪宗的祖師，當他們參到一個「入處」——黑漆桶兜底打穿之後，往往倒要隱於水邊林下去「長養聖胎」了，因為他們尚未進入聖階，充其量，是走完了成佛之道的三分之一的路程而已——三大阿僧祇劫的第一阿僧祇劫屆滿。

從這一點看來，一些只知盲修瞎參的禪客們，可以把神智清一清了，因為，他們縱然已經破了三關，也不過是賢位的凡夫而已。

佛教對於現實人間的前途是悲觀的嗎？

凡是正信的佛教徒，對這個問題，他會堅決地回答一個「不」字。

因為，佛教相信，再過一個相當長遠的時間，大約是在五十六億年之後——一定是在地球尚未毀滅之前，那時另有一位佛陀在人間出現，稱為彌勒世尊。那時的人間，道德的建設，物質的建設，使得地球成為安樂的、莊嚴的、美化的、清淨的、平整的、統一的、自由的、善良的、互助的；不論在交通、住宅、衣服、飲食、池沼、園林、菓木、花卉、好鳥、娛樂、教育、文化等各方面，都已健全了、豐富了、美化了、淨化了；那時的人體高大，壽命綿長，相貌端嚴，精力充沛；世界是統一的，語文是統一的，思想也是統一的，全世界的人，都像兄弟一樣，生活在康樂之中。那時的人類，除了尚有寒、熱、飢、渴、大便、小便、淫欲、飲食及老死的感受之外，那幾乎是像西方的極樂世界已經遷移到了地球的人間。[1]

佛教相信，凡是在釋迦世尊的佛法中皈依信仰的人，到了彌勒佛出世的時候，都將同時出世，同聽說法，同受彌勒佛的授記——告知你將在何時成佛。

彌勒出世距今的時間雖遠，正信的佛教，卻深信那個時間必將來臨；為了迎接那個偉大而光明的時代的來臨，預先從事於人間社會的各項建設，乃是正信佛教徒應負的責任。（詳見彌勒三經，《長阿含經》卷六第六經及《中阿含經》卷十三第六十六經，《增一阿含經》卷四十四〈十不善品〉第四十八第三經）

....

1參閱《佛祖統紀》卷三十（《大正藏》四十九．三〇〇——三〇一頁）彌勒年代亦有異說。

劫是什麼意思？

「劫」是梵文劫簸（kalpa）的音譯，它在印度，並不是佛教創造的名詞，乃是古印度用來計算時間單位的通稱，可以算作長時間，也可以算作短時間，長可長到無盡長，短也可以短到一剎那。[1]

不過，通常所稱的劫，是指我們這個娑婆世界的長時代而言。

佛經中所說的劫，分為三等：

（一）小劫：依我們地球的人壽計算，從人類八萬四千歲的長壽，每一百年減短一歲，減至人類的壽命僅有十歲時，稱為減劫；再從十歲，每一百年增加一歲，又增加到人壽八萬四千歲，稱為增劫。如此一減一增的時間過程，總稱為一小劫。

（二）中劫：經過二十個小劫，稱為一個中劫。因為，據佛典中說，我們所處的地球，共分「成、住、壞、空」的四大階段，每一階段的時間過程，均為二十個小劫，在這四大階段中，唯有「住」的階段，可以供人類生存。初「成」的階段是由氣體而液體。再由液體而凝固，所以不堪人類的生活。到了「壞」的階段，正在劇烈的破壞之中，也不適合人類的生存；據說是經過四十九次大火災，七次大水災，一次大風災之後，地球便歸消失。壞劫終了，「空」劫開始，在空無一物中再經過二十小劫，另一新的地球便又逐漸形成，進入另一期的「成」的階段。佛教把這成、住、壞、空的四大階段，稱為四個中劫，分別稱為成劫、住劫、壞劫、空劫。

（三）大劫：經過成、住、壞、空的四個中劫，便是一個大劫；換句話說，地球世界的一生一滅，便是一個大劫。然而，壞劫中的每一次大火災，可從無間地獄，一直燒到色界的初禪天；每一次大水災，可從無間地獄，一直淹到色界的二禪天；最後一次大風災，可從無間地獄一直吹到色界的三禪天。也就是說，每一次大劫的範圍，除了色界的第四禪天及無色界的四空天，三界之內的動植飛潛，一切萬物都是在劫難逃。不過，不用悲哀，當壞劫來臨，此界的眾生，或者已轉生他界，或者已直生第四禪天，不會有一個眾生沒有安身之處。

佛經上所稱的劫，如不標明中劫或小劫，通常是指大劫而言。在三界的眾生，末了生死之前，最短的壽命短到即生即死，最長的壽命是修四空定的無色界眾生，最長的有想無想天壽命長到八萬四千大劫，他們的生命，相當於地球的八萬四千次生滅的過程，所以在他們自以為已經是不生不死，其實，八萬四千大劫終了，仍然要接受生死，在佛眼看來，八萬四千大劫，也僅剎那之間的時光而已，唯有修持解脫道，空去了「我」，才入涅槃——不生不死的境界。唯有再進一步空去了對「法」的執著，才能稱為菩薩，自己解脫生死仍不住於涅槃，隨類應化眾生，走向成佛之道。

大家也許要問：我們的地球還有多長的壽命呢？這個嘛！可有一個比喻，如果地球的「住」劫壽命是一百歲的話，那麼，如今的地球，尚在四十五歲的階段，住劫共有二十小劫，目前是在第九小劫的減劫時期，所以，請大家安心地生活下去，不用擔心耶教所說的「地球末日到了」。不過，在每小劫的減劫減到十歲的壽命之前，也有疫癘、饑荒、刀兵的三災降臨人間，由於減劫人心的日益墮落，自作自受，可是，這三種小災是局部性與暫時性的，人類雖將死亡慘重，但不會消滅。相反地，倒有一個好消息報告大家：在此以後的十個半小劫之中，尚有九百九十六位佛陀，將在我們的地球世界成佛，今後第一位來此成佛的，就是彌勒佛，所以佛教稱彌勒為「當來下生彌勒尊佛」。彌勒下生地球成佛，是在第十小劫的增劫人壽八萬歲時，大約距離現在是五十六億年（以千萬為億計算）。[2]

至於人壽的增減，乃至增長到八萬四千歲，我們不妨信為事實，因為大、小乘經中，都有如此的記載，並說：「其壽稍減，當至十歲，十歲時人，女生五月便行嫁；是時世間酥油、石蜜、黑石蜜，諸甘美味不復聞名。」又說：「八萬歲時人，女年五百歲始出行嫁；……時此大地坦然平整，無有溝坑丘墟荊棘，亦無蚊虻蛇蚖毒蟲，瓦石沙礫變成琉璃；人民熾盛，五穀平賤，豐樂無極。」（《長阿含經》卷六）

1 劫與三世劫的千佛。時間參看《佛祖統紀》卷三十（《大正藏》四十九．二九七—三〇二頁）。

2 阿僧祇為《華嚴經》中百二十四個大數的第一〇五個。若以萬萬為億，萬億為兆，則一阿僧祇相等於一千萬萬萬萬萬萬萬兆，又名為無央數。

大千世界怎麼講？

佛經中說，一個日月系，為一個小世界，須彌山為日月環繞的中心，也就是說，一個須彌山，即是一個小世界。須彌山的問題，至今仍是佛教學中的謎，一些開明的看法（如日本學者），說是出於印度古老的傳說，佛陀在世時，僅是假用傳說來闡明佛法，傳說中的須彌山的或有或無，不是佛陀所要闡明的目的，佛陀的目的，乃是利用須彌山的傳說而闡明覺世濟民的佛法。這是很可取的，但是，若要說到佛教的世界觀，那又非要說到須彌山不可。須彌山究竟何在？筆者不敢否定，但也無從肯定，在我們尚未究明真相之前，存疑是比較安全的態度，所以我想把須彌山的問題，暫且擱置一邊。[1]

小世界的範圍，既是一個日月系，那該是指的太陽系或恆星系了，因為每一恆星，均有若干的衛星，恆星都是日，衛星都是月。對太陽而言，月球固是月，地球等九大行星，也是衛星也是月。

一千個小世界，稱為小千世界。小千世界每一小世界的範圍，是由一個須彌山至色界的梵天。

一千個小千世界，稱為中千世界，中千世界每一中世界的範圍，到達色界的光淨天。

一千個中千世界，稱為大千世界，大千世界每一大世界的範圍，到達色界的光音天。

大千世界，是由一千小世界，累進千倍為中千，再由中千累進千倍，一共經過三次千數的累進而成，所以稱為三千大千世界，其實只是一個大千世界而已。

大千世界的統治者，是色究竟天的大梵天王。

每一個大千世界，都有一位大梵天王，大千世界有無量無數，大梵天王也有無量無數。我們這個大千世界總稱為娑婆世界，每一大千世界，即為一佛的化區，釋迦世尊稱為娑婆教主，原因即在於此。

我們所處的地球，乃是大千世界中的一個微不足道的單位而已，釋迦世尊為了普化他的化區，所以要用千百億化身，才能應化周全，雖化千百億身，仍在娑婆世界的一個大千世界中而已。

由此可見，佛教的世界觀，該是多麼地廣大而又合乎近代天文學的觀點了。

……………

1 世界觀參閱《佛祖統紀》卷三十一〈世界名體志〉。

佛教的修持方法是什麼？

是的，這是一個非常重要的問題。如果僅僅信仰佛教而不做佛教生活的實踐，那只算是種了一些將來成佛的善根種子，但卻很難得到即生的利益。佛教的修持，即是佛教生活的實踐。最主要的有四大項目，那就是：信、戒、定、慧。

沒有信仰心，根本尚未進入佛門，所以，信心是學佛的基本要求。皈依三寶，就是信心的最初建立。

戒的內容很廣，一般的要求，能夠持好五戒十善便可以了；若能增受八戒乃至菩薩戒當然是最好的事。戒對於佛教徒的功能，好像戰場的防禦工事對於戍守士兵的功能。若不先把五戒十善持好，根本沒有佛教徒的氣質；如不持戒而修禪定，也會落入魔境。

禪定，是收心攝心而使心力不受外境動搖的工夫，這也是各種宗教共同著重的工夫，印度的各外道宗教都修定，中國道教的吐納以及西洋耶教的祈禱，也都是禪定工夫的一種。禪的功能，能使心念集中定於一境，唯有有了心定一境的工夫，才能體察到宗教價值的崇高偉大，才能得到身心方面的輕利安樂——絕非五欲之樂能夠相比。一旦有了這種心定一境的經驗之後，他的宗教信念也會加倍地提昇，再要他不信也不可能。

但是，禪定的工夫並不是佛教獨有的，佛教獨有的是指導禪定並脫落禪定之貪著的智慧，因為，禪定雖是不受外境動搖的內證工夫，一旦進入禪定，受到禪悅之樂，便容易貪戀禪悅之樂而不思離開禪定了。像這一類人，一旦色身死亡，神識便生禪天。但在佛教的境界層次中，禪天分為高下的八大等級，稱為四禪八定，四禪八定都是三界之內色界及無色界的天境，天的壽命雖長，卻未解脫生死，所以佛教只是把禪定當作修持的一種方法，而非修持的目的；所以中國的禪宗，雖然以禪為宗，卻是重開悟而不重禪定。悟，就是智慧的開發，唯有開發了悟透諸法實相的智慧，才能解脫生死而出離三界。

事實上，有關修持的問題，最好是親近大善知識，才能摸著門路，本文不能詳加介紹，只能略舉如上的大概而已。讀者如有興趣，不妨參閱另一篇拙作〈怎樣修持解脫道？〉（此文收錄於《學佛知津》一書中）。

佛教是主張苦行的宗教嗎？

當我們尚未解答這個問題之先，應該明白一下「苦行」兩字的定義。

一般所說的苦行，大抵是指以自苦為手段，以解脫為目的而言。從原則上說，這個觀念並沒有錯，若從出發點上說，卻大有區別：有的是盲目的自苦，有的是有理想的自苦。盲目的自苦，往往都是指的盲修瞎練，砂中榨油，既沒有理論的根據，也沒有一定的目的。有理想的自苦也有分別：一是迷信的，一是理性的。迷信的自苦是指以為持了牛戒吃草、持了狗戒吃屎、持了魚戒浸水，便可在死後生天。理性的自苦也分兩種：一是以合理的修持方法，尋求自我解脫；一是利用可資自我解脫的身心，協助他人（眾生）解脫。

除了理性的自苦，其餘均是外道的苦行。

近人有些認為佛教不主張苦行，認為佛教是主張苦樂中和的中道行者。當然，佛陀成佛，也是在他放棄了六年的苦行，把羸弱的身體調養復原之後（《增一阿含經．增上品之八》）。不過我們必須明白：佛陀放棄的是盲目的苦行或是迷信的苦行，卻又強調理性的苦行。尋求自我解脫是小乘的苦行，協助他人（眾生）解脫是大乘的苦行。

因此，在《長阿含經》卷八中，有著這樣的敍述：

佛對尼俱陀梵志說：「汝所行者，皆為卑陋：離服裸形，以手障蔽……或食牛糞，或食鹿糞，或食樹根枝葉果實……或有常舉手者，或不坐床席，或有常蹲者……或有臥荊棘者……或有裸形臥牛糞上者，或一日三浴，或有一夜三浴，以無數眾苦，苦役此身！」像這樣的苦行，佛陀是極端反對的，因為那是除了自討苦吃就毫無意義，既不能修身養生，又不能修心入定，更談不上修行而利益他人。

佛陀接著把佛教的苦行告訴了尼俱陀梵志：「彼苦行者，不自計念：我行如是；當得供養，恭敬禮事……得供養已，心不貪著，曉了遠離，知出要法。……聞他正義，歡喜印可……不自稱譽，不毀他人……不殺、盜、淫、兩舌、惡口、妄言、綺語、貪取、嫉妒、邪見……精勤不忘，好習禪行，多修智慧……不為貢高憍慢自大……常懷信義，修反復行，能持淨戒，勤受訓誨，常與善人而為伴黨，積善不已……不懷瞋恨，不為巧偽，不恃己見，不求人短，不懷邪見（不信因果為邪見），亦無邊見（不是中道，便是邊見：相信靈魂永恆不變，或者不信死後另有境界），是為苦行離垢法也。」

我們讀了這一節佛教的苦行法門，該會感到無限的親切，它的內容，無非是持戒、禪定、智慧等的解脫法，但也正是人間世的處世法。但這尚是屬於理性的求解脫的法門。到了大乘經中，更加鼓勵我們去大施大捨、難忍能忍、難行能行了，為了救濟眾生可以犧牲自己的一切，並且要發願生生世世救濟眾生而犧牲自己，乃至做到「三千大千世界，無一微塵，不是菩薩捨身命處」。像這樣的菩薩行，能說不是大苦行嗎？

因此，凡是正信的佛教徒，他必須檢束身心，刻苦自勵，待人要厚，自供要薄；唯有降低了物欲的生活，才能提高精神的領域，精勤於道業的修持，努力於事業的發展，貢獻於大眾的公益——發大願心，為全體人類義務勞役，做一切眾生不請之友，乃至犧牲自己而救濟他人，這便是佛教的苦行。如果有人以不吃煙火食，不過人的生活，而以顯異出奇做標榜，那便不是佛教的苦行而是外道的苦行。

六根清淨怎麼講？

「六根清淨」這個名詞，在一般不知佛法的人看來，是非常浮淺的，甚至非常好笑的，他們以為凡是出了家的僧尼，一定就是六根清淨的人，如果稍微沾染了一點男女錢財的習氣，一些專門喜歡揚惡隱善的新聞記者，便會在報紙上大做他們「六根不淨」的渲染文章！至於什麼叫作六根，什麼又叫作六根清淨？他們是不想知道的。

其實，六根清淨四個字中，大有道理。

六根，是指生理學的全部範圍。佛教看宇宙人生，既不是唯物論者，也不是唯心論者，更不是唯神論者，乃是主張因緣和合的緣生論者。所以，佛教看一個人的構成，是從心理、生理、物理的三方面來分析的。上面所說的六根是屬於生理學，加上六塵的物理學及六識的心理學，便是一個人的總和，六根、六塵、六識的形成，稱為十八界，十八界的三大類，構成鼎足之勢，相互為用，缺了一類，其他的二類也就不能存在。因為六塵與六識要靠六根的媒介才有作用，六塵與六根要靠六識的判別才有價值，六根與六識要有六塵的反映才有功效。

如果要下一個比喻，那麼，六根是鏡子，六塵是被鏡子所照的影像，六識是判別鏡中所照影像的人。

什麼是六根六塵和六識呢？說起來很簡單，那就是：

眼、耳、鼻、舌、身、意，從心理與物理的媒介功能上說，稱為六根，也就是生理學上的神經官能。眼有視神經，耳有聽神經，鼻有嗅神經，舌有味神經，身有感觸神經，意有腦神經，這些都是心與物的媒介的根本，所以稱為六根。

從六根所接觸的對象上說，稱為六塵，也就是物理學上的各類物質。眼根所見的顏色和形色，耳根所聽的聲音，鼻根所嗅的香臭，舌根所嘗的味道，身根所觸的粗細冷熱與濕滑等，意根思想的稱為「法」——那是指的極微極遠的、無從捉摸的東西，這些就被稱為六塵。

從六根接觸六塵而產生的判別力與記憶力上說，稱為六識。如果沒有六識而僅有六根與六塵，那就不是活人而是死屍，所以六識是六根的操縱者，六根是六識用來接觸六塵的工具。

那麼，為什麼要稱為六根清淨呢？

因為六根是六識的工具，作善作惡，固然是出於六識的主張，造成善惡行為的事實，卻在於六根的作用。人之流轉於生死輪迴的苦海之中，就是由於六根不曾清淨，自從無始以來的一切罪業，均由六根所造，比如眼根貪色、耳根貪聲、鼻根貪香、舌根貪味、身根貪細滑、意根貪樂境；有貪，也必有瞋，貪與瞋，是由無明——煩惱而來，合起來，就是「貪、瞋、癡」的三毒交加，惡多善少，永無出離生死苦海的日子了。

修持解脫道的工夫，不外戒、定、慧的三學，但是，慧的主要根源是戒與定，所以修持的入門工夫，應從身心的兩方面著手，一是修身，一是修心。把不好的念頭修理掉，稱為修心，修心的主要工夫是禪定；把不好的行為修理掉，稱為修身，所以修身也可稱為修行，修身的主要工夫是持戒，持戒的目的是在守護根門——守衛保護住六根的大門，不讓壞事從六個根門之中溜進我們的心田，以致種下生死流轉的禍苗。

因為，一個凡夫，除了進入禪定的境界而外，就不能沒有妄想，妄想是促成六根造業的導火線，佛教的戒律，就是妄想與六根之間的保險絲或滅火器，在戒律的防衛之下，六根才能漸漸地清淨，一旦到了六根清淨的程度，超凡入聖的境界，也就快要接近了。

所以，一般的凡夫僧尼，只能在戒律的保護下，勉強守住了六根，至於清淨二字，那是談不上的。一般人的觀念，總以為僧尼們只要不犯淫行，不貪非分之財，不介入人我是非，便算是六根清淨了，事實上，凡是貪逐於物境的受用，總是六根不淨，不論是看的、聽的、嗅的、吃的、穿的、玩的、用的，只要有了貪取不捨的情形，就是六根不淨。因為除了男女及錢財等的問題，都不容易覺察出來，淨與不淨，也就很少有人細心地注意它了。

根據中國天台宗的判斷，六根清淨位，便是五十二個菩薩階位最初十階的十信位，要斷見思二惑——相當唯識宗的分別煩惱與分別所知的二障，這應該是從普通（外）凡夫進入賢位（內）凡夫的階段。

又據《法華經》及《涅槃經》中說，能得六根清淨，便可六根互用。所謂六根互用，那是說，六根之中的任何一根，均可兼備其他五根的功能，眼能見色，也能聞聲、嗅香、嘗味等，耳能聞聲，也能見色、嗅香、嘗味等，鼻根、舌根、身根、意根，也是一樣。

六根清淨了，就能六根互用，這在一般的讀者看來，難免會說這是神乎其神的神話。事實上，我們之所以不能六根互用，正因為自己把六根的官能限制住了，也就是說，我們利用六根而執取六塵，六塵充塞了六根，障礙了六根，六根便成了六塵的奴才，也習慣地成了六塵的應聲蟲，色塵來了，眼根應付，聲塵來了，耳根應付，香塵來了，鼻根應付，舌、身、意根，也是一樣。

如果不是這樣，如果六根不執六塵，六根不受六塵的支配與誘惑，那麼，六根就從六塵之中得到了解脫，解脫了的六根，便是自由的六根，自由的六根，自然可以彼此互用而不分界限了。這個自由的六根，也就是清淨的六根，因為自由的六根雖然仍與六塵打交道，但已不受六塵的引誘而造生死的染汙之業，所以稱為六根清淨。

說得明白一些，所謂六根清淨，不是沒有了六根，而是我們的生理官能，不再隨著外境的幻象而轉，這就叫作一塵不染——但這絕不是等閒的工夫所能辦到的事。

為了便於讀者的記憶，再將六識、六根、六塵的名目，抄錄如下：

（一）眼、耳、鼻、舌、身、意——六識。

（二）眼、耳、鼻、舌、身、意——六根。

（三）色、聲、香、味、觸、法——六塵。

六識發動六根而接觸六塵，六塵映入六根而由六識判別及記憶保存，再從六識的記憶保存中顯現出來，發動六根貪取六塵，就這樣交互迴還而造成生生死死之流，六根清淨的目的，便在斷絕並超越這一生生死死的生命之流。

四大皆空怎麼講？

「四大皆空」，空去哪四個大呢？

不懂佛法的人，他會脫口而出地告訴你：「空了酒、色、財、氣，就是四大皆空嘛！」

其實，這與佛教所說的四大皆空，根本是牛頭不對馬嘴。因為佛教所講的四大，是指「地、水、火、風」的四大物質因素。

四大的觀念，也不是佛教發明的，這是人類對於宇宙本體的初期探索而得的結果，在東西方的哲學思想史上，幾乎有著同樣的趨勢。比如中國《書經》所記的「水、火、金、木、土」五行；印度古《吠陀》本集所說的世界形成，是基於「地、水、風、火、空」的五種自然因素；希臘古哲學家恩比多克里斯

（Empedocles），也曾提出「氣、水、土、火」為宇宙間不變的四大元素。

總之，不論五行也好，五大也好，四大也好，都是指的物理界的基本元素，如果僅限於此而膠著於此，那麼，發展的結果，便是唯物論者，所以，這些思想，也是唯物論的先驅。

佛教講四大皆空，是沿用著印度固有的思想而再加以深刻化及佛教化的，因為地、水、火、風的四大元素，是宇宙物理的，比如山嶽土地屬於地大，海洋河川屬於水大，陽光炎熱屬於火大，空間氣流屬於風大。如把它們化為人體生理的，比如毛髮骨肉屬於地大，血液分泌屬於水大，體溫屬於火大，呼吸屬於風大；若從四大的物性上說，堅硬屬於地大，濕潤屬於水大，溫暖屬於火大，流動屬於風大。但是，不論如何地分析四大，四大終屬於物質界而無法概括精神界的。所以唯物論者以四大為宇宙的根源，佛教則絕不同意這樣的說法。

佛教所講的四大，也有小乘與大乘的不同。從大體上說，小乘佛教所說的四大，是指造成物質現象的基本因緣，稱為四大種，意思是說，地、水、火、風，是形成一切物質現象的種子，一切的物象，都是由於四大的調和分配完成；四大和諧，便會欣欣向榮，四大矛盾，便會歸於毀滅，物理現象是如此，生理現象也是如此，所以佛教徒把病人生病，稱為「四大違和」。小乘佛教觀察四大種的目的，是在使人看空我們這個由四大假合而成的色身，不以色身為實在的我，不因執取色身為我而造種種生死之業，一旦把我看空，便會進入小乘的涅槃境界，不再輪迴生死了。

大乘佛教所說的四大，不是指的根本元素，而是指的物態的現象，是假非實，是幻非實，對於物象的形成而言，僅是增上緣而非根本法，雖也承認四大為物象的種子，但不以為四大是物象的真實面貌；小乘佛教因為只空我而不空法，所以雖把物象看空，仍以為四大的極微質——「法」是實有的。不過，小乘佛教不是唯物論，而是多元論，因為佛教的空不僅空去四大，乃要空去五蘊；四大，只是五蘊中的一蘊而已。

什麼又叫作五蘊呢？那就是：色、受、想、行、識，前一屬於物質界，後四屬於精神界，四大，便是色蘊。

關於五蘊的內容，已非本文所能介紹，因為五蘊是個很大的題目，我們只能在此說一句：五蘊是三界之內的生死法，空去五蘊，才能超出三界的生死之外。同時，我們由於五蘊的提出，證明佛教不是只講四大皆空，而是要進一步講五蘊皆空的。尤其重要的，佛教的重心，並不以四大為主，而是以識蘊為主，至於受、想、行的三蘊，也是識蘊的陪襯，乃是用來顯示精神界的功用之廣而且大的。所以，佛教不是唯物論者，而是緣生論者。

佛教徒是不孝順父母的嗎？

的確，我國有些人士，喜歡如此地批評佛教，因為他們見到佛教的僧尼，不能像俗人一樣地所謂「敦倫」，他們在褊狹的家族觀念及宗法思想之下，認為出家是大不孝的行為。「不孝有三，無後為大」（《孟子》），雖不是儒家的主要思想，然而，直到現代，仍有一些偏激的儒家學者，批評佛教是反孝的宗教。

其實，佛教對於孝順父母的教訓，在大、小乘的經律之中，可謂多得不勝枚舉，只要多看幾部佛經，就會明白，佛教不但不是反孝的，乃是極端崇孝的。比如佛在《大乘本生心地觀經》中說：「父有慈恩，母有悲恩，母悲恩者，若我住世於一劫中說不能盡。」所以說：「經於一劫，每日三時割自身肉以養父母，而未能報一日之恩。」又說：「是故汝等勤加修習孝養父母，若人供佛福等無異，應當如是報父母恩。」《增一阿含經》卷十一以供養父母準同一生補處的大菩薩。在《五分律》卷二十中，也有一個故事：當時佛的一位羅漢弟子，名叫畢陵伽婆蹉，因他的父母貧窮，想以衣食供養，但又不敢，所以請示佛陀，佛陀因此集合比丘弟子們開示：「若人百年之中，右肩擔父左肩擔母，於上大小便利；極世珍奇衣食供養，猶不能報須臾之恩。從今聽諸比丘盡心盡壽供養父母；若不供養得重罪。」《增一阿含經》卷十一也有類似的教訓。又在《中阿含經．鞞婆陵耆經》中說：有一位迦葉佛時的貧苦工人，叫作難提波羅，他受了佛的教化，完全實行出家的生活方式，但他為了奉養他雙目失明的老年父母，所以寧可做陶器來維持生活而不去出家。

事實上，佛教的修持，雖以出世離欲的出家生活為可貴，但也不強制人來出家，甚至在戒律之中有明文規定，父母不允許的，便不能出家；如果父母貧窮而無人奉養時，出了家的兒女，仍應盡心奉養，否則便得重罪。《根本尼陀那》卷四也說：「假令出家，於父母處，應須供給。」這豈能說佛教是反孝的？當然，如果思想褊狹而復幼稚的人們，一定要說唯有婚嫁生育才算孝道，那就無話可說了——說也難怪，今世一般的俗人，除了養育各自的子女，已經很少能夠孝養各自的父母了。這也許就是迷信「無後為大」的結果罷！

至於佛教所講孝道的觀念，實在不是迷信「無後為大」的人們所能了解。佛教以為人在生死流轉之中，今天固然有父母，過去未來的無量生死之中，也有無量無數的父母，孝養今生的父母，也要救濟過去未來的父母。在菩薩的眼中，「一切男子是我父，一切女人是我母，我生生無不從之受生」（《梵網經》），所以菩薩道的實行者，廣度眾生，等於孝敬父母。當然，佛教不像被孟子批評的墨者那樣——視人之父若己父是無父也。佛教是從現生的父母為主而推及過去未來的三世父母。所以佛教對於廣度眾生，是報父母之恩的擴大，那叫作報眾生恩，是由父母而推及眾生的。所以，做為一個佛教徒，首先要孝養父母，然後再去布施放生及供養三寶。

世俗的習慣，人逢自己的生日，便大大地歡樂吃喝一番，稱為慶生，或稱為祝壽。其實，這是不正確的想法。以佛教的觀念來說，自己的生日，正是母親的難日，應該把懷念母難的情緒提高，應該於母難的日子特別懷念父母的生育教養之恩，應該加上十倍百倍地恩孝父母，而不是盡情歡樂地為自己慶生。

如果父母已經過世，那就盡其所能，布施放生，供養三寶，以此功德，迴向父母之靈，自身也能得到植福延壽的實效。否則大張筵席而造成雞鴨豬羊等的殺劫，那不是祝壽而是折福！

佛教是重男輕女的嗎？

在上座部的南傳佛教，由於特別重視比丘的身分，無形中有重男輕女的觀念，因為佛陀對比丘們常常告誡女色的可怕，女色是魔、是蛇。

其實，佛陀的本懷未必重男輕女，因為色欲是屬於男女雙方的，對男眾說女色可厭，對女眾說，男色豈不也是可厭？

所以，從學佛證果的觀點上說，男女是平等的，女人除了必須轉了丈夫身才能成佛之外，至於成羅漢、成菩薩，根本是沒有男女差別的。比如觀音常現女身，也唯有女人的氣質最能近乎慈悲的菩薩精神，佛也常說「慈悲心為女」。女人所缺少的是強勁勇猛的魄力，故在佛經中以為女人不能做統治四天下的轉輪聖王。

佛教是反對家庭制度的嗎？

不。佛教絕不勉強改變任何人的生活方式，出家，僅是佛教生活方式的一種，家庭才是佛教建設的根基所在，如果反對家庭制度，佛教的僧尼也將無以為生。

相反地，佛陀卻曾極勉勵家庭生活的如理建立，比如《善生經》，就是一部指導在家生活的經典，指導在家人應該建立正確的倫理生活：子女對父母要報恩、要孝順，父母對子女要教養、要婚配；弟子對師長要供養、要恭敬，師長對弟子要盡心教導，要代選擇明師善友；妻子對丈夫要敬愛服侍、要誠實料理家務，丈夫對妻子要給養服飾飲食、要憐念、要親親；主人對僕從要給食、要體恤，僕從對主人要服從、要盡職；親族鄰友對待親族鄰友，都應互相敬愛、互相濟助、互以赤忱相待、互以善言規勉；在家人對待出家人要恭敬設座、要布施供養，出家人要教在家人信善學善（以上是摘其大要而非經文）。

此外，不妨參閱另一篇拙作〈怎樣做一個居士？〉（此文收錄於《學佛知津》一書中）。

佛教徒可跟異教徒通婚嗎？

「異教」heathenism 原是猶太人及基督教給異民族的鄙夷之稱，我們借用代替「外道」，但不做鄙夷想。

佛教不像那些民族化或家族化的宗教，佛教沒有這種種族歧視或宗教歧視。宗教信仰雖與家庭生活有密切的關係，婚姻又是組成家庭的基礎，但對一個佛教徒而言，並不要求首先改變了對方的宗教信仰然後再行結婚。但是，一個正信而有修養的佛教徒，必定能在婚後的夫婦生活中，促成對方來改信佛教。

這在佛教的經典中，是有根據的。曾有一個佛教徒的妹妹，嫁給了裸體外道的信徒室利笈多，那個裸體外道的信徒最初極端地反佛乃至害佛，最後終於唾棄了裸體外道而皈依了佛教（《根本尼陀那》卷七—八）。另有佛的信女須摩提，也嫁給了外道的信徒，感化了外道的信徒（《增一阿含經》卷二十二〈須陀品〉之三）。

因此，一個正信的佛教徒，在四攝法的「同事」的原則之下，不但不要求配偶的對方首先放棄了原有的宗教信仰，甚至可以先去投合對方的宗教信仰，結婚之後再來潛移默化，轉變對方的宗教信仰。這就是先使自己同於他，再使他來同於己。

當然，婚姻是終身的大事，是家庭幸福的基礎，一個初機信佛的佛教徒，不必利用婚姻做為傳教的手段而致造成不幸的後果。所以，婚姻的主要條件，不應該是宗教的信仰，而是彼此之間的情投意合。

因此，如果沒有把握感化對方，最好選擇同一信仰的配偶，如理組成佛化的家庭，否則，由於宗教信仰的不同而導致婚姻的悲劇，那是很不幸的。

再說，組成佛教化的家庭，雖是佛教徒的應有責任，萬一由於配偶的信仰不同而堅持他的不同信仰，一時之間又無法改變他的信仰，那麼，宗教的容忍，應該能使互相尊重各自的信仰。正信固比迷信好，有信仰也比沒有信仰好。在如此的情形下，應當信仰是信仰，夫妻是夫妻；教堂（寺院）是教堂（寺院），家庭是家庭。因為，佛教本來不是家族化的宗教，而是自由化的宗教。佛陀不障礙他人信仰外道，佛陀不反對他人供養外道，乃至要對弟子說：「汝當隨力供養於彼。」（《中阿含經》卷三十二第一三三經）

佛教徒必須要行佛化婚禮嗎？

佛化婚禮，在佛教的三藏典籍中，找不到明確的根據。所以，佛教並不強調佛化婚禮的重要性，凡是公開的婚姻，都會受到佛教的認可。佛教嚴禁私通，私通在佛教稱為邪淫，是犯罪的行為。

至於佛化婚禮，在佛化家庭的建設上說，是有必要的。至少，佛化婚禮的舉行，已經證明男女雙方都是三寶的弟子，自從結婚之後，他們所組成的家庭，也必是佛化的家庭。所謂佛化家庭，是指信奉三寶並且實踐佛法的家庭，至少那是一個修持五戒十善的家庭，一個和樂慈愛的家庭。

所以，凡是正信的佛教徒，應該舉行佛化婚禮，並且鼓勵親友們舉行佛化婚禮。

因為佛化婚禮在佛典中沒有明確的根據，對於婚禮的儀節，迄今尚沒有統一的規定。不過，主要的儀節，應該是皈依三寶及宣誓相敬相愛，在三寶的光照之下，結為夫婦，以愛情相助，以道情相勉。

根據比丘戒的規定，出家人不得做婚姻的介紹人。但是，既沒有說出家人不能做證婚人，也沒有說出家人可以做證婚人。若以解脫道的觀點衡量，出家人最好不做證婚人。若以菩薩道的觀點衡量，為了佛化社會的理由，出家菩薩為人證婚，當可視為接引的方便。

佛教徒可以離婚嗎？

離婚的問題，在佛典之中，也不容易找到明確的根據。不過，佛教主張婚姻的美滿及婚姻的責任，既然結為夫婦，結婚之後，應該相親相愛，互相尊敬，各守各的本分，各盡各的責任，佛教嚴禁邪淫（私通），婚姻破裂，多數是由夫婦之間的不能互守貞節，夫妻之間既然都能堅持不邪淫一戒，婚姻是不容易破裂的。即使破裂了的婚姻，佛教也主張破鏡重圓；所以，佛陀雖不許比丘弟子們介入婚嫁的事件，但仍許可比丘們為「若男女先已通，而後離別，還和合」（《四分律》卷三）。因為，男女的離婚，對於彼此的心理，都有不良的影響，尤其對於兒女的撫育，更要負起道德上的責任。根據這一論點而言，也可以說，佛教是反對離婚的。

不過，佛經中也沒有說離婚是犯戒的行為。所以，萬一由於感情的衝突、趣味的不投，乃至是出於虐待等的重大理由，在忍無可忍的情形下，是可以離婚的，如果是為了滿足情欲的理由而離婚，那是不道德的，也不是佛教所許可的，故也是罪惡的。因為，夫妻的離異，最倒楣的是他們無辜的兒女。

在中國的古俗，男子喪妻可以再娶，稱為續絃，以為那是道德的，如果女子喪夫，唯有守寡終生才是值得表揚的美德，這種「貞操」的觀念，實在是由於輕女重男的習尚而來。在印度，並不如此，以印度教的《科多馬法典》而言，主張丈夫他往六年而仍不得其音訊者，妻即可與其他男子通。佛經中的俗人出家時，必先捨其妻子，任妻自由，所以，失去丈夫的女子改嫁，在佛教是允許的，也是道德的。

佛教以為嬰兒可以信佛嗎？

佛教不承認基督教所說的「原罪」，所以也不以為嬰兒的罪惡性，如果嬰兒有罪，那是他們在過去生中的行為造作，熏附於他們的生命主體——八識田中，佛教稱之為「業」。所以，嬰兒不會由於出生的理由而繼承了人類的「原罪」。

嬰兒期間，尚沒有自我判別的能力，信仰佛教的皈依儀式，必須是出於自我意志的宣誓，否則便不算皈依。佛教主張，七歲以上的兒童才可以出家，準此而言，皈依三寶的儀式，也該到七歲以上並且已有自我判別的意志之時，才可以舉行。

不過，佛教深信功德的迴向作用，所以佛教鼓勵大家在嬰兒出生的前後，以及為了慶祝嬰兒的滿月及週歲等時節，應該齋僧布施或念佛誦經，為嬰兒的福壽智慧而祈禱（例如《增一阿含經》卷二十五〈五王品〉之二）。

佛教反對節制生育嗎？

這在佛教界中，尚是一個未經討論的問題。根據佛教的基本原則來說，只要不犯墮胎殺生戒，節制生育是不必反對的，為了子女的教養及生活的負擔，節制生育是道德的。

正因為佛教嚴禁墮胎，佛教以墮胎與殺人同罪，不論被墮的胎兒已經成形，或尚未成形，凡是墮胎，便犯殺人罪。所以佛教反對以墮胎做為節制生育的手段。

因此，應當考察節制生育的技術問題。

佛教相信：中陰身（從死後到生前階段中的靈體）的進入母胎，是在父母和合的當時，見了父母和合的情態，便起顛倒想——愛父的入胎則為女嬰，愛母的入胎則為男嬰，並且執取父親射出的精子及母親的卵子為「我」。比照「發生學」來推想，這個「我」的觀念，應該是在精子進入卵子之時才起作用，才是受孕，未必就是父母性交的當時。若今日的人工受孕，也不合這一解釋，故此僅做因緣的方便說明。

那麼，如要節制生育，所應處理的階段，須在精子尚未進入卵子之前，否則即成墮胎的殺人罪。房事之前，先服避孕的藥物，或先在陰道或子宮內安置避孕器及藥物，使精子接觸不到卵子，或使精卵失去效能，這可能是道德的，但是確切地有把握不是殺死已經受孕的胎質才行，否則如果沒有更安全的方法，最好不要節制生育，若想節制生育，那就只有一個辦法，也是佛教最贊成的一個辦法——節欲。

佛教徒有國家觀念嗎？

佛教是崇恩主義的宗教，父母、眾生、國家、三寶，稱為四恩，孝養父母、廣度眾生、愛護國家、恭敬三寶，不是為了求取什麼，完全是為了報恩的動機。所以對一個正信的佛教徒，不容懷疑他的國家意識。

佛陀釋迦世尊，成道之後，經常在外遊化，很少回到自己的故國迦毘羅衛，但當他晚年時代，舍衛國的青年國君琉璃大王，為了報復迦毘羅衛國在他少年時代給他的侮辱，便發動大軍，誓言消滅迦毘羅衛的釋迦種族。這被佛陀知道了，便一個人在琉璃王的軍隊必定經過的道中，坐於一棵枯樹之下，任由烈日曝曬。琉璃王見了便問佛陀，何以不坐在有葉的樹蔭之下？佛的回答是很感人的：「親族之廕勝外人也。」（《增一阿含經》卷二十六〈等見品〉第

三十四之二）

就這樣，琉璃王進軍了三次，三次都見到佛陀坐在枯樹之下，所以也撤退了三次。到第四次，佛陀知道這是釋迦族的共業，也是無法挽救的定業，雖然同情與惋惜，也是愛莫能助，琉璃王第四次進軍時，佛陀才放棄了挽救故國厄運的努力。

在中國佛教史上，比如玄奘大師出國之後，曾為中國的文化在印度留下了輝煌的成果，雖在印度受到了崇高的敬仰，但仍念念不忘返回祖國的懷抱；法顯大師在錫蘭時，有人供養他一面中國的白絹扇子，他在異地見到了祖國的東西，竟然激動得「淚下滿目」，這種熱愛祖國的情懷，實在也是佛教精神的流露。

在唐朝的天寶年間，安祿山造反，因為國庫的財政貧乏，就有神會大師出來，幫助郭子儀，大事籌募，以「香火錢」所得，接濟當時的軍需，終於平定了歷史上著名的安史之亂。

明朝的開國之君朱洪武，推翻了蒙古人的統治，建立了漢人的政權，這是一位雄才大略的民族英雄。但是誰也知道，明太祖不僅是正信的佛教徒，而且在他少年時代出過家。

近代有一位宗仰法師，是中山先生的知友，他對國民革命，也曾付出了許多的貢獻。

當然，若從佛教的理想社會而言，佛教絕不是褊狹的帝國主義者，而是徹底的無政府主義或世界大同主義，乃至是無限的宇宙大同胞主義，因為他愛全人類乃至愛一切的眾生。可是，民族主義乃是達到一宇宙大同胞主義的基礎，若要達成這一目的，必先要從熱愛他的國家民族做起，否則便無從生根。

佛教徒能夠參加軍政工作嗎？

佛教，不是一個政治性的宗教，所以佛教徒們，不會有政治的欲望。但是，政治的原則是治理眾人的事，佛教徒既然也是眾人之一，自亦不能脫離了政治而生活。

政治，應該分為政權和治權，政權屬於人民，治權屬於政府。佛教徒，至少應該享有政權的權利，比如選舉、罷免、創制、複決等，佛教徒是必須參加的。近代中國高僧太虛大師，曾主張「問政而不干治」，這是值得重視的。僧尼的職責是修行與弘化，直接從事於治權的掌握與執行，那是不應該的；對於政權的過問，乃是切身利害的問題，所以是應該的。根據這個原則，僧尼當可參加各級代議士的投票與候選，以期能將佛教徒的意見貢獻給國家的建設。

否則的話，即使佛教徒的權益，也將被人忽視了。這在釋迦世尊的當時，也常以寶貴的意見，貢獻給國王與大臣。當然，如果是為了急求出離三界而出家的人，縱然是政權的權利也可放棄，無奈在今後的社會卻又必是「任是深山最深處，也應無計避徵徭」的局面！

至於在家的佛教徒們，從事軍政的實際工作，乃是應當的。一個有理想、有抱負、有熱忱的在家佛教徒，應當要向各方面的各階層去貢獻出自己。

不過，根據佛制的戒律，僧尼可向軍人說法，但絕對不可參加軍中工作，如果國法強制僧尼入營，那便等於勒令僧尼返俗！目前我國政府的兵役法令，對於佛教的僧人，尚無通融的規定。這是由於中國佛教徒的不自爭氣，雖有一個教會，內部缺少組織，僧人不限資格，對於政府也不提出明確的計畫與懇切的要求。這個問題在泰國，早已不是問題，他們有一套非常優良的法令，僧人不服兵役，也不能利用僧人的身分來逃避兵役。在美國，耶和華見證派的基督徒，要求免除服兵役，教友派的基督徒，也反對服兵役，現在他們都已獲得了兵役法的保護，而以軍中牧師及有全國重要性的平民服務，來代替兵役。（世界書局出版的《美國的宗教》）

佛教是和平主義的宗教嗎？

從佛教的本質上說，從佛教的史實上說，佛教確是世界各宗教中最最愛好和平的宗教。

佛教主張慈悲主義，能給予他人乃至一切眾生之樂稱為慈，能拔濟他人乃至一切眾生之苦稱為悲，在慈悲主義的實踐下，不會見到可瞋可恨的人，只有見到可憐可憫的人。所以，在佛教徒的觀念中，戰爭是最最殘忍的事，寧可犧牲了自己的生命，貢獻出自己的生命，來感化強暴，來贏取和平，也不願以牙還牙、以暴抑暴地從事戰爭。在佛教史上，佛教徒們常常遭受到異教或政治的迫害，除了從容殉教，從未有過暴力的反抗。比如佛陀時代，釋迦族的迦毘羅衛國受到舍衛國琉璃王的侵滅之時，當時迦毘羅衛的統治者是佛陀的堂弟摩訶男，是虔誠的佛教徒。以當時釋迦族人的武功來說，不但可以抵抗一陣，根本可以打敗琉璃王的，但他們不願流了他人的血，他們沒有抵抗，便把城門打開，向琉璃王投降了，但是，琉璃王並不因釋迦族的投降而就赦免釋迦族人的生命。在這種情形之下，摩訶男便向琉璃王要求，讓他潛到水底去，當他未出水面之前，任由釋迦族人逃亡，待他出水之後，再把未及逃走的釋迦族人集體屠殺。琉璃王答允了，但是，摩訶男潛入水底之後，再也不出來了，看看釋迦族人都要逃光了，派人下水察看，發現摩訶男把頭髮繫緊在水底的樹根上，早已淹死了。為了所信的宗教，為了守持不殺生的和平主義，釋迦族人寧可投降被殺；為了挽救族人的生命，摩訶男寧可自沉水底而壯烈地犧牲。終於也大大地感動了琉璃王，停止了他的屠殺計畫（《增一阿含經》卷二十六〈等見品〉第三四之二）。這則故事，很可以說明佛教是和平主義的宗教。

雖然，在佛經之中，也有說到以金剛怒目的精神，摧毀邪魔惡怪的勢力，但那畢竟是屬於精神界的修持工夫，而不是現象界的實力表現。

不過，菩薩為了適應各類眾生的根性及各種環境的需要，化現的姿態是可以活用的，比如《華嚴經》善財童子的五十三參之中，就有從事於烽火戰爭及嚴刑峻法的菩薩；觀世音菩薩的三十三應化身中，也現有大將軍身。在《瑜伽菩薩戒本》之中也說，菩薩如果見有惡賊為了貪劫財物而要殺很多的人，或者有人要殺已證聖果的大、小乘聖人，菩薩為了不使那個殺人者因了殺死多人或聖人而墮無間地獄，寧可自己先把他殺了，讓自己墮地獄——這種出於悲憫之心而非出於貪心及瞋心的殺人，佛教是許可的。

佛教是主張人性本善論的嗎？

這是中國儒家思想中的問題，孟子講人性本善，荀子講人性本惡，揚雄主張人性是善惡混合，公孫子主張人性無善無惡。究竟哪一個的主張較對？大致上，後人喜歡靠在孟子的一邊，因為孔孟才是儒家的正統思想。

因此，也可以說佛教是主張人性本善論的。佛說「大地眾生皆具如來智慧德相」，一切眾生皆有佛性。這是主張佛教性善論的根據。

事實上，佛教雖可說是性善論，也可說是性惡論，佛教的本質，卻既不屬於性善論，也不屬於性惡論。

眾生皆有佛性，是性善論；眾生皆由於無始以來的無明覆障而致尚未成佛，這是性惡論。因為，性善論者可以防惡而還歸於善，性惡論者則可以去惡而成其善；兩者觀點不同，目的卻是一樣。所以，佛教可以左右逢源而適其所適。

若從根本上說，儒家的性善論也好，性惡論也好，他們都是僅僅討論當下一生的本性問題，說性本善與性本惡，是從呱呱墜地時算起的，今生以前的善惡行為——業，他們沒有能力追究，今生死後的善惡行為，他們也無從再追究。孟子偏重了理性價值，所以說性善，荀子著眼在物性的轉變，所以說性惡，其實，他們都只看到了一面而忽略了另一面。從這一點上說，佛教既非性善論，也非性惡論。因為，佛教看眾生，是從無始以前看起，一直看到最終的目的達成——成佛，從當下的一生根本不能論斷善惡；在眾生來說，善的佛性與惡的無明，根本就是難兄難弟，分割不開，有佛性的時候，就已有了無明，它們是一體的兩面，在生死，是無明，出生死，是佛性。物性是從無明開出，理性是由佛性萌芽。所以，說我們的本性是善，固然不對，是惡，也是不對。若從當下的一生而言，善與惡，理性與物性，乃是與生俱來，投於善則善，投於惡則惡。[1]

照這麼說來，佛教是同於揚雄的善惡混合論了？那也不是，佛教主張：無明煩惱，是可以逐漸降伏而分分斷除的，無明斷盡了佛性也就圓成了，這就叫作斷煩惱證菩提，了生死入涅槃。在生死的凡夫位中，煩惱是惡，佛性是善；一旦證了菩提，入了涅槃，根本也沒有善惡可言。善惡問題，僅是世間法中的觀念，出世法中，乃是無善無惡的。善別於惡，有善必有惡，所以佛教的目的，既不講惡，也不講善。其實善惡問題，縱是世間法中，也是沒有絕對的，正像毒藥可以毒死人也可救活人，良藥可以救人也可能殺人一樣。因此，聖位的佛菩薩，他們本身固然沒有善惡可言，他們看眾生也沒有善惡的區別，唯有如此，才能怨親平等而來普度眾生。善與惡，不過是凡夫眾生的自我執著而已。但這也不同於公孫子的無善無惡，因為在現實世間的凡夫位上，人性並非沒有善惡，出世之後，才沒法加上善惡的名目。

正因為佛教的善惡觀念，是沒有永恆性的，是要徹底廢除掉的，如果一定要給佛教加上一個關於人性的什麼論，那就只好勉強地叫作善惡解脫論吧！

⋯⋯⋯⋯

1 《佛祖統紀》卷三十五（《大正藏》四十九．三三六頁）司馬君實注揚雄之性善惡混，亦謂孟荀各得性之一面。

佛教共有多少宗派？

這是一個無法避免的問題，因為，佛法雖只有一味，由於接受者的程度——根性的高下不一，以及生存時代與生活環境的差異，對於佛法的看法，也就因人而有不同的解釋了。佛經中說「佛以一音演說法，眾生隨類各得解」，就是指的這一層意思，站在佛的立場看佛法，法法可通涅槃城，站在佛弟子的立場，那就各有各的專長的法門了，比如最有名的十三位弟子，他們各有一種第一的特殊的性格，也各有他們的伴侶（《雜阿含經》卷十六第四四七經）。這可算是佛教分宗的最初徵兆。

佛陀涅槃後的四、五百年間，單是印度境內的小乘佛教，就分有二十個部派之多，他們往往僅是為了一個很小的問題的爭執，動輒就結成一團，分成一派。

小乘佛教分得七零八落，而失去了統一教化的依準力量之際，馬鳴、龍樹的「般若空」的大乘佛教，便在印度境內應運而興。

到了佛陀涅槃後約一千年之間，由於無著、世親以至清辨、護法的「唯識有」的思想抬頭，印度的大乘佛教，也就分成了空有二宗；稍後一些，由密宗的興起，又將大乘佛教分為顯密二教，把空有二宗，歸入顯教一類。

這是印度佛教的大致情形。

佛教傳入中國以後，最初沒有宗派的門戶之見，後來由於翻譯事業的逐漸鼎盛，佛典的大量譯成，以及佛教思想家對於佛法的分類判攝，才有宗派的出現。

中國佛教的宗派，最先成立的是由於東晉時代鳩摩羅什譯介的三論或四論宗，這是印度空宗的法脈，到嘉祥大師而集大成。同時依據小乘的《成實論》而有成實宗；依據小乘有部的《俱舍論》而有俱舍宗。依據《涅槃經》而成涅槃宗；依據《十地論》而成地論宗；依據《攝大乘論》而成攝論宗；由達摩西來，傳佛心印，而成禪宗；由唐代道宣專弘《四分律》，而成（南山）律宗；

依據《法華經》的綜合與開發，至智者大師而成天台宗；由玄奘大師西遊歸來，據《唯識論》而成法相宗（又稱唯識宗）；依《華嚴經》的綜合開發，至賢首大師而成華嚴宗；自慧遠大師倡蓮社專修持名念佛，至善導大師而成淨土宗；最後由於唐代開元年間，西域來了善無畏等三位密教的高僧，譯傳了密部的經法，而成立了密宗。

這樣算下來，中國佛教，共有十三宗之多了，其中除了成實與俱舍兩宗屬於小乘佛教，此外都是大乘佛教。

後來，由於各宗的相攝相抗，十三宗僅剩下了十宗，涅槃宗歸入天台宗，地論宗歸入華嚴宗，攝論宗歸入法相宗。現在且把大、小乘各宗與空有的關係，列表如下：

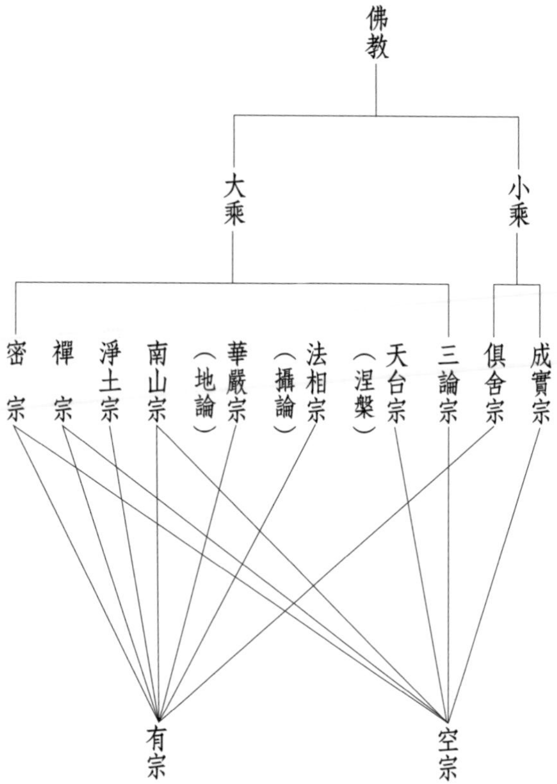

從以上所介紹的宗派看來，可謂洋洋大觀，但自晚唐以下的中國佛教，小乘不受重視，三論、唯識，已無人研究，密宗在中國只是曇花一現，唐武宗會昌五年的法難之後，密宗在中國消失，倒是流去了日本。中國的地理及社會背

景，無法嚴格地要求戒律的遵行，所以律宗也是若存若歿地苟延殘喘而已；最盛的是禪宗，以致禪宗的六祖惠能之下，又分出了五家宗派，五家之中以臨濟及曹洞二派發展得最盛最久，今日的中國僧尼，幾乎全部是出於這兩家的法脈而來。至於講說教理方面，僅有天台與華嚴勉強維持而已。到了宋明之際，中國出了幾位主張禪淨雙修的高僧如永明延壽（唐哀帝天祐二年至宋太宗太平興國元年），所以晚近的中國佛教，除了念佛與參禪，幾乎就沒有別的事情可做了。[1]

自清末民初以來，由於流落在日本的許多典籍，陸續地請回了中國，三論、唯識、律宗、密宗等，在中國已有了復活的現象，只可惜中國佛教近數百年沒教育，不培植人才，這一復活的機運，能否開發出來，尚待努力之中！

除了中國，佛教在今日的世界各地，也都有著許多宗派。

南傳上座部的泰國佛教，分有大宗派及法宗派。

西藏的密教區，分為黃教、紅教、白教、花教等。

日本的佛教，大致上與中國相似，而以淨土真宗及日蓮宗為日本佛教的特色。近人印順法師對日本佛教曾做如此評語：「日本式的佛教，不是佛教化的家庭，是家庭化的佛教。不是在家佛教，而是變了質的出家佛教。」（《海潮音》三十四卷七月號〈建設在家佛教的方針〉）這就是日本佛教的特色。

最後，我要總結一句：佛教的分宗分派，是屬於支節的分門別類，而不是根本思想的左右出入。正因如此，不久的將來，當可見到統一的佛教，在世界上出現。

1 禪宗的五家七宗的派別，不是理論的，乃就吾人所稟自然之理解，對禪所發揮之態度而言耳。故性質溫和者其言和，性質烈者其言峻，因其發言之和峻，禪風因之而變，其禪風之相異，即禪之派別相異。故禪宗之派別在教理的區別上不若華嚴、天台之明晰也。

唯識就是唯心嗎？

不。唯識論雖以精神為主，但不否定物質，也不否定客觀的現象，如要否定，那就一空到底，連「識」也無從可唯了。

其實，若講哲學上的唯心論，除了唯物論，幾乎多可納入唯心論的範圍。比如培根、洛克、休謨等，算是主觀的唯心論，黑格爾算是客觀的唯心論，康德算是意志的唯心論，詹姆士算是經驗的唯心論，柏格森算是直覺的唯心論，羅素算是存疑的唯心論（這一唯心論的分類法見於太虛大師《法相唯識學概論》）。

總之，不論是哪一種的唯心論，總要立出一個標本，做為他們立論的基礎，有了一個標本的偶像，就難免不犯以偏概全的錯誤；存疑的唯心論是比較開明的，但他們不能指出一個究竟的歸路，仍不免令人有徬徨之感。

至於佛教的唯識論呢，雖講「三界唯識」，三界之內的萬事萬物，均由八識所變，一切的物象——器界，均是八識的相分——現行，但是並不否定自我而外的一切眾生，三界唯識，是說三界之內的一切現象，是由三界的眾生各自的八識共同所變，也就是三界眾生的共業所變，這裡所稱的八識，不僅是指的當下的心識，而是包括了無始以來的業力所熏的心識，由於業識的現行，便成了八識的相分，成了三界的現象，成了我們所處的世界。我們的世界，物質是由同界所有眾生的八識所變，眾生的相互為緣，也是由於同界眾生的八識互變。

唯識論的宇宙觀，稱為「賴耶緣起」，阿賴耶識是第八識的梵文音譯，意思是藏識，能夠含藏一切業種，當業種現行而感得的果報，便是唯識變現，這是從本體上著眼的。若從現象上著眼，便可稱為業感緣起，因為，八識所變的果報——現象，實在是由於各自所造的業力而來。若從方法上著眼，不管是賴耶緣起也好，業感緣起也好，都不出乎「緣生」的原則，唯有眾緣和合，才有現象成立的可能。所以佛教的基本原則，是緣生論。佛教的最終目的是一個

「空」字，因為不用標立任何形而上的偶像，所以不會落於以偏概全的泥沼，因為由緣生而歸結於性空——我固空了，法也空了，所以不會令人有徬徨莫措之感。一般的哲學家，我字都空不了，法（形上的標本偶像）字，當然更加無從空起了，如果他們一旦真把他們自我執取的標本空去了，他們便會失去自己的立足之地而成為無依的遊魂！

所以，佛教的唯識論，絕不是哲學的唯心論能夠相擬相比的。

禪宗就是禪定嗎？

不。禪宗和禪定是有分別的，因為，禪宗固然主張參禪習定，凡是禪定，卻未必就是佛教的禪宗。

「禪宗」一名，是在中國創立的，當佛陀的時代，並沒有禪宗一名，而只有禪的工夫和禪的內容。佛教的解脫道的修持法，是以戒為起步，以定為重心，以慧為目的，戒、定、慧，稱為三無漏學，三者缺一不可，三者相互關聯，相互助長，成一螺旋形的狀態——由戒生定，由定發慧，由慧起修——直向解脫之道上升。其中的定，就是禪定。

事實上，中國的禪宗，乃是重於悟而不重於定的。

同時，定的種類也有很多，有佛教的出世定，稱為「滅盡（了煩惱的）

定」，有外道凡夫乃至畜類的世間定，那就是通常所稱的四禪八定。四禪八定，也是佛教出世定的過程，唯因外道修世間定是以生天為目的，佛教修世間定，是以進入出世間定為目的，所以外道稱為世間禪，佛教則為根本淨禪。

在佛教的禪定中，也分有小乘禪與大乘禪，小乘禪是以解脫生死為目的，大乘禪是以藝術化的生活為目的，比如中國的禪宗，以為擔柴挑水都是禪，吃飯睡覺也是定，是重於精神的寧靜不動，而不執著肉體的枯坐守寂。

再說，禪與定，乃是梵語禪那（dhyāna）的音義合璧，是靜慮的意思，故也可以翻譯為定。不過，禪定兩字，尚有區別，禪是色界的心境，所以色界稱為四禪天，定是心統一境，在欲界也可有之，到了無色界的四無色定有之，出了三界的出世間定，仍然有之。所以，禪的範圍小，定的範圍大，禪也是定的一種。但是，也有將出世間定稱為出世間上上禪，把低級的外道定稱為野狐禪。[1]

定的名稱，在梵語中，除了三昧，尚有七名：三摩地、三摩缽底、三摩呬多、馱那演那、奢摩他、現法樂住、質多翳迦阿羯羅多等等，正因為定境通於凡聖，致有印度人，認為男女性交，也叫三摩缽底——雌雄等至，因那時也有心意集中，淫樂遍身，類似定心的現象。至於那些說什麼性命雙修啦，身心雙修啦，就是想從男女的淫樂中修定（見印順法師《成佛之道》一四四頁）。修定的意義，被附會混雜到如此地猥褻下流，也真可悲可憐！但是，這也告訴了我們，印度對於定的意義是看得非常廣泛的，這與中國禪宗的本旨，何止相去天淵！

因禪定未必就是禪宗，所以世界各宗教，凡是有神祕效驗的，無非是從禪定的工夫而來，不論他們是用持咒也好、祈禱也好、禮拜也好、誦經也好，所得的結果，多是禪定的作用。

所以，凡夫乃至畜類如狐，只要用著了心止一境的定功，便會產生或大或小的神祕效驗——神通，但那並非是佛教的禪宗；佛教的禪宗，倒是反而不主張神通的。

⋯⋯⋯⋯

1 宗密禪師，〈禪源諸詮集都序〉曰：「故三乘學人，欲求聖道必須修禪，離此無門，離此無路，至於念佛求生淨土，亦須修十六禪觀，及念佛三昧，般舟三昧。」「禪則有淺有深，階級殊等，謂帶異計，欣上厭下而修者，是外道禪。正信因果，亦以欣厭而修者，是凡夫禪。悟我空偏真之理而修者，是小乘禪。悟我法二空所顯真理而修者，是大乘禪。若頓悟自心本來清淨元無煩惱，無漏智性，本自具足，此心即佛，畢竟無異，依此而修者，是最上乘禪，亦名如來清淨禪，亦名一行三昧，亦名真如三昧。」

什麼叫作頓與漸？

頓漸的問題，許多人都會誤解，總以為頓教的法門與漸教的法門，是截然不同的兩種修行法，許多貪圖便宜的人，也都偏愛頓教而妄斥漸教。大家都知道，禪宗是主張頓悟的，是主張不立文字直指心源的，是主張前念迷是眾生，後念悟即是佛的。除了禪宗之外，沒有一個宗派，能像如此直接了當而開門見山的了，所以禪宗的許多人，往往要批評學漸教的人，是知解宗徒。

其實，頓漸兩種法門，乃是一體的兩面：頓是由漸而頓，漸是因頓而漸；沒有漸，絕沒有頓，有了頓，必先有漸；漸是頓的成因，頓是漸的結果。

這個問題，我在一九五八年，就已有了這樣的見解：「所謂頓悟，乃是最後一念的點破或最後一緣的成熟。……再如一個孵了二十來天的雞蛋，如因小雞無力掙開蛋殼，經母雞輕輕用嘴一啄，小雞便會脫然而生，並且生氣盎然，但這母雞的一啄，也是最後一緣的助成。同樣的，我們學佛，因為往昔生中的根機深厚，所以生到現世，只要偶受一個禪門所說的機鋒，便可一念點破，而頓超悟入凡上的聖域。那麼所謂頓悟，也沒有什麼神祕可言了。」（《神通與人通》的〈人心的安頓和自性的超脫〉）

因此，若從佛的果位上看眾生，一切眾生皆有如來智慧德相，皆有成佛的可能，所以佛視眾生等同於佛，這是頓教；若從眾生位上看佛，眾生雖可成佛，眾生成佛必須經五十二個階位的長期修行，才能到達佛位，這就是漸教。到了漸修的圓滿，佛的果位，亦必頓然顯現——菩提樹下成等正覺。

反過來說，頓也是漸的開始，漸乃是頓的實踐，頓是漸的啟發，漸是頓的延續。

因為，中國禪宗所稱的頓悟，是指頓時悟到佛的知見——《法華經》把佛的知見的證得，分成兩面的四階，稱為「開、示、悟、入」，開與示的工作，是由佛陀擔任的、對眾生做的，將眾生本有的佛性之庫藏打開來，指示給眾生，稱為開示；悟與入是由眾生自己做的，眾生明白了自性本來可以成佛，這就是悟，悟後如法修持，才能進入佛的知見之門。若以階位衡量，悟佛知見，是在未登初地的凡位菩薩，入佛知見，是在登了初地以上的聖位菩薩，因為，唯有初地以上，才能一分一分地斷無明，一分一分地證覺性。初地以前，都是準備工夫。

可見，頓悟是悟的理體法性或佛性，頓悟並不就等於成佛；漸修是修的事相功德，唯有積於漸修，才能真的成佛——理以頓悟，事以漸修——這是頓漸問題的又一答案。禪宗的頓，就是這樣的一個範型。

不過，這是站在教義解釋的立場而說，若照中國禪宗的本身來說，又並不如此，因為中國禪宗所說的頓悟，乃是不落階位的，頓悟就是頓悟，與漸修幾乎沒有關係，而以為頓悟之際，當下便是本來如此的真如實性。但這終究不是一般人能夠做得到的。

禪宗以為在參究用功到了得力之時，雖不能即刻進入初地菩薩的聖位，但在頓悟的當時，能使第六、第七識的功用暫時停伏，不落昏沉、散亂、無記的狀態，唯是明明了了的現量（本來如此的）心現起，好像在烏雲覆蓋之下，突然煙消雲散一見萬里無雲的景色，雖僅極短時間的實證（真如實性的）經驗，剎那之後，又被無明煩惱的烏雲把那景色遮了起來，但他確已見過一下本來如此的真如實性了，比起從未見過的人來，當然是大大地不同。這就是禪宗所講的頓悟，唯其悟後仍得用功再修，因其雖已印到了佛心，福慧資糧——成佛的資本，尚未具足哩！

最好修學哪一宗？

在前面已經說過，佛教的各宗各派，都是由於學佛者的根性及時代環境的不同而產生。所以如果站在佛教的根本立場上說，宗派是多餘的，如果執一非全，那不唯是學佛者個人的損失，更是整個佛教的不幸；正像浙江的寧波人喜歡吃臭，湖南人喜歡吃辣，山東人喜歡吃辛，山西人喜歡吃酸，那麼你說，究竟哪種該吃，哪種不該吃呢？

佛教的內容，無所不包，雖不即是科學，但不違背科學；雖不即是哲學，但卻超乎哲學；雖不即是文學，但卻確有文學；雖不即是美學，但已創化了美學；雖不即是宗教，但也不缺宗教的素質。

因此，我們修學佛法，最好是選擇近於自己根性或興趣的，做為入門的方便。在中國的大乘八宗之中，唯識近於科學，三論近於哲學，華嚴及天台近於文學，真言及淨土近於美學，禪宗是佛法的重心，太虛大師說「中國佛教特質在禪」，任何一宗，均可匯歸禪的精神；至於律宗，乃是整個佛教的基礎，它對佛教的重要性來說，正像《六法全書》對於全國，所以嚴格地講，律宗不該自成一宗，律宗應該遍屬於各宗，至於宗教的素質，乃是各宗皆備的。

自晚唐以下的中國佛教，禪宗特盛，繼而禪淨合一，晚近，禪宗出了寄禪及虛雲，淨宗出了印光，律宗出了弘一，天台出了諦閑，華嚴出了月霞，唯識出了歐陽竟無（漸），但從大致上說，在民間仍以禪淨二脈的影響力較大，在學術界則以唯識的影響力較大。密宗雖也盛行，但是非常混亂。

最值一提的，是太虛大師及其門下，他們不再拘泥於某宗某派，而是直從佛法的根本精神上，統看各宗各派，打破門戶界限，還歸各宗的本來地位，太虛大師以三大系，統攝大乘各宗派，那就是：法相唯識宗、法性空慧宗、法界圓覺宗，因此，除了唯識及三論兩宗各成一系之外，其餘各宗，均歸法界圓覺宗所攝。到了太虛大師的學生，近人印順法師，又將大乘三大系更動了一下，稱為：性空唯名論、虛妄唯識論、真常唯心論。太虛大師以法界圓覺為最圓滿，印順法師則以性空唯名為最究竟。前者一生推崇《大乘起信論》及《楞嚴經》，後者宗本《阿含》教義，貫透《般若》空的思想，人家說他是三論宗，他卻否認此說，因為中國的三論宗已經滲入了中國的思想，而非印度空宗的原來色彩。

事實上，不管你叫它什麼名字或放在什麼地方，玫瑰花總是一樣地香。古今諸大德的左判右攝，乃是為了使人更加明白佛法的內容和研究的系統與方法，若要修學，凡是走上了路，「法法皆通涅槃城」。因為，佛法只有淺深偏圓之別，而沒有好壞是非之分；淺的是深的基礎，深的是淺的進展；偏的是圓的部分，圓的是偏的全體。然從研究上說，必須脈絡分明，所以要左判右攝。

不過，到此為止，我們應該注意，中國的大乘八宗，已經歸納成了三宗，八宗的門戶，應該不復存在，乃至大、小乘的界限，也當一律剷除，俾使整個的佛教，重歸統一。如果尚有什麼人要做某宗某派的孤臣孽子，希望成為某宗某派的第幾代祖師，那是沒有必要的事了；事實上，歷代高僧，未必就是某宗某派的第幾代祖師，徒有法眷授受的所謂「嗣法門人」，也未必就是有證悟的高僧。至於大乘與小乘之分，也根本不受南傳上座部佛教的歡迎，中國人說他們是小乘，他們也會說大乘非佛教，這種分河飲水而彼此輕視的局面，誰說是合理的呢？

當然，對於一個初進佛門或將進佛門的人來說，起步點的選擇是必須的。以我的看法，初出家的比丘及比丘尼，應該先學僧尼律儀，但卻不必就入律宗；晚年學佛的在家居士，應該專心念佛，但卻不必就入淨土宗，也不必就是念的西方阿彌陀佛——尚有兜率內院的彌勒佛、東方的藥師佛與阿閦佛等；如果是以學術思想的態度來親近佛教，那麼般若空及唯識有的兩大系，都是最富發掘價值的寶藏。

以修學的行程來說，可以分為兩種：一是難行道，一是易行道。難行道是指自初發菩提心起，生生世世行菩薩道，生生世世犧牲自己而成全眾生，那是靠著所發的願力，維持住一生又一生的救世工作，這是非常艱難的行門，如果願力不夠堅強，往往會在再三再四的挫折之中退心，但是這一行門的行程，卻比易行道來得快速，要比修學易行道更早達到成佛的目的。易行道是指藉著諸佛願力所成的淨土，長養各自的慧業，也就是以凡夫的身分往生佛國，在佛國的環境之中培養慧業，到了「不退」的程度，乃至到了聖位的境界，再入凡界行菩薩道而廣度眾生，所以，這是比較安全而穩當的，卻是迂曲而緩慢的。

一般沒有自信或信願不夠堅決的人，最好是修學易行道，易行道的宗教價值及其作用，可以說與基督教的求生天國，有著異曲同工之效，雖然兩者的內容不可相提並論，但其強調「信」的力量則幾乎一致。再說，基督教講「信、望、愛」，佛教則強調「信、願、行」鼎足而三的功能。所不同的，佛教是以眾生的本身為主，基督教則以上帝為主，基督教的出發點及其目的，無非是為了上帝的權威、服從上帝的權威、依賴上帝的權威。佛教則為以眾生自己的力量感通諸佛而期進入佛土，與佛同處，所以，除了死心塌地的信，還需要與佛的願力相應（不是如基督教所說的「寵愛」），才能往生佛國，諸佛的願力有「通」與「別」的兩種：通願是諸佛共通皆有的，那就是：「眾生無邊誓願度，煩惱無盡誓願斷，法門無量誓願學，佛道無上誓願成。」通常稱這為〈四弘誓願〉；別願是諸佛個別成就的願力，比如阿彌陀佛的四十八願、藥師佛的十二大願。唯有我們也發了諸佛的通願，才有進入諸佛國土的希望，也唯有能與某佛的別願相應了，才有生到某佛國土的可能。這一點，在今日以念佛而求往生佛國淨土的人們，幾乎很少注意。同時，當我們修學淨土行的易行道時，必須要把內心的至誠懇切，表現到生活的言行上來，淨土的眾生是「身、口、意」三業清淨的，我們凡夫雖不能做到絕對清淨，也當盡量使自己的身心淨化，淨化的德目便是五戒十善，如果內心嚮往淨土，行為不求淨化，那對臨終往生佛國的希望，也是很有疑問的。

佛教的本質是崇尚智慧的，但從宗教的立場來說，與其說智慧是入佛的方法，倒不如說智慧是修學佛法的目的，固然有人是從知解而信仰而實踐，但也有著更多人的信佛學佛並沒有經過知解（教義）的考驗，但由信願行的實踐，也可以達到應達的目的，信願行的本身，卻不一定要有慧解的支持，因此，不懂教義或者也無能接受教義的人們，同樣可以信佛學佛，他們雖然不懂教義，卻也同樣能夠得到宗教信仰的實益，比如淨土的行者，雖是上、中、下三根兼備，雖不乏飽學之士，但從大體上說，淨土行的修學，則近似這一類型；再如中國的禪宗，主張「不立文字」，主張「言思路絕，心行處滅」，他們不需要繁複的知識，因他們能從篤行之中，自然見到慧光，那就叫作開悟。正因如此，禪宗也就最適合中國人「不求甚解」而崇實惠的口味，但這否定了知解葛藤以後的信仰，絕不等於可笑的迷信，故在禪宗高僧的語錄，無一字不是智慧的結晶。

所以，禪淨二門，最受千百年來中國人的歡迎，因為這是不必要高深的理解知能做為入門的先決條件，但也因此而引生了若干的流弊，使部分根淺障重的學者，流於愚昧癡迷、盲修瞎練、執己非他而不自知！

佛教徒對於全部佛經的態度怎樣呢？

佛教的大、小乘經典，非常之多。至於佛經之有大規模的文字結集記載，是在佛滅度後數百年間的事。雖從律部中可以看到，佛陀時代已有了成文的經卷，例如《根本說一切有部律》卷四十四、卷四十八、《雜事》卷四、《藥事》卷三，已有讀經寫經的記載，唯其為數很少。初期的佛經，多半是靠口頭傳誦的，由於印度自古以來對於聖書都靠師弟口傳（最早婆羅門教的《吠陀》聖典，根本忌用文字記錄），所以養成了印度民族強記的習慣與能力，一個學者熟背數十萬頌，乃是平常事，即至今日的緬甸比丘之中，仍有通背三藏教典的三藏法師。正如胡適所說：「那些印度和尚真有點奇怪，搖頭一背書，就是兩三萬偈。」（《白話文學史》）

但是，多靠師弟誦傳的方法將佛經流傳下來，就不能保證沒有訛誤的情形了。而且，印度民族從師承相傳的習慣中，養成了對於師承的絕對信心，因此，時間久了，對於同一樁事物，就有好多種傳說的不同，各傳各的，各信各的，互不相妨。因此而可能把一些印度古文化中的各種傳說，也在不知不覺中加以利用而成了佛典內容的一部分。尤其是歷史性的考證工作，對於印度民族是從來不重要的。所以在佛經之中有著許多互相出入矛盾乃至時間倒置的記載，尤其關於論典的部分（佛教有經律論等三藏，經律的性質相似基督教的《新約》、《舊約》，論典的性質相當於基督教的神學書），因為多半是出於各派論師的撰著，不同的見解更多。

因此，一個正信的佛教徒，對於佛經，應該具有極崇高的虔敬，但卻不必要求毫不揀別地字字接受。佛教的正法，應向佛經之中探求，對於佛經的記載，卻可保留各自的審察態度（是指如有審察能力的話）。

但從大致上說，流行於現世且有史實可考的佛經，都是值得人們去信受奉行的，因為各經的主要思想都是正確的，偶或有些名相數字見解及傳說等的出入，也是枝節問題，而非根本問題，故對一般的人來說，不得懷疑佛經的可靠性與真實性。佛教雖然主張人人皆可直接去理解佛法，如若遇到理解不透的所在，最好請教有素養的法師，斷不可自行妄斷佛經的義理；因為有許多屬於境界上的名詞及觀念，若非多看佛經或自己沒有實踐的體驗工夫，便不容易通透得過。

佛教的經典很多，中國翻譯了一千年，也不能確知究竟譯出了幾萬卷，現存的佛典連同中國人的註釋講述在內，還足足有三千多部一萬五千多卷（日本、西藏、南傳各國所傳集的還不在其內），所以，直到現在尚無法確切地列出哪些是最主要的經典來。如果要看佛經，對一個初閱讀佛經的人來說，佛法概論及佛教史等的入門書籍是必須看的，入門性的書籍，會告訴我們進一步的工作是什麼？本文僅做通俗性及一般性的皮相介紹，至於更進一步的研究指導，不是本文的範圍了。

佛教的典籍真是難懂難讀的嗎？

這個問題應當分作兩面來講：一面是否定的，一面又是肯定的。

現在的一般年輕人，都在詛咒佛教典籍的難懂難讀，那是由於他們看的佛書太少，同時也沒有看到大部的佛經；比如《大般若經》、《大涅槃經》、《華嚴經》、《法華經》、《維摩經》等，他們可能從未見過，至於《阿含經》，看的人就更加少了。其實，如果真想看佛經，應該先由《阿含經》看起，接著看《法華經》、《華嚴經》、《涅槃經》、《般若經》，那麼，我敢保證他絕不會覺得佛教的經典比耶教的《新約》、《舊約》更加難懂而更加使人厭煩。許多人以為耶教的《新約》、《舊約》淺顯易讀，其實，基督徒中，很少有人曾經把《舊約》讀完的，一般他們所謂的查經家，只是教人翻前倒後地斷章取義，牽強附會，如果真的一口氣讀完《舊約全書》，如他不是職業的教士，不是盲目地附從，並且也不是另有目的，那麼，他對信仰即可能發生驚訝和動搖。然而，如想讀完全部《舊約》，實在要一點耐心。不過，《新約》中的四福音，的確是比較易讀的，四福音中也只有〈馬太福音〉寫得最好。

佛經的特長是每以故事體裁的文學筆觸，寫出佛教的思想與境界——善用形象的描寫及比喻來表達抽象的形上理境，所以，胡適以為佛經的翻譯作品，要比中國的古文——駢體文率真得多，他說：「因宗教的經典重在傳真，重在正確，而不重在辭藻文采；重在讀者易解，而不重在古雅。故譯經大師以『不加文飾，令易曉，不失本義』相勉。」又說：「鳩摩羅什譯出的經，最重要的是《大品般若》，而最流行又最有文學影響的卻要算《金剛》、《法華》、《維摩》三部。」胡適尤其推崇《維摩經》是：「半小說、半戲劇的作品，譯出之後，在文學界與美術界的影響最大。」又說：「《法華經》雖不是小說，卻是一部富於文學趣味的書。其中幾個寓言，可算是世界文學裡最美的寓言，在中國文學上也曾發生不小影響。」又說：「《佛所行讚經》，乃是佛教偉大詩人馬鳴的傑作，用韻文述佛一生的故事。」「《華嚴經》末篇〈入法界品〉

占全書四分之一以上，寫善財童子求法事，過了一城又一城，見了一大師又一大師，遂敷演成一部長篇小說。」（以上均見《白話文學史》第九及第十章）我們知道，胡適並不信佛，他對佛法的見解，我們無法苟同，但他是近代中國白話文學運動的開山鼻祖之一，他卻以為佛教的經典富有語體文學的崇高價值，那麼試問：佛經是否真的難以讀懂呢？除非你老早存有成見，否則你當不至於點頭說「是」。

然而，如果讀到大、小乘諸家的論典，那就真的要使你大傷腦筋了，特別是大、小有宗的論著，那些陌生名詞，那些精密結構，那些深邃思想，若非有了相當高的佛學素養，看了便是彷彿是看的「天書」，縱然是學佛數十年的老佛教徒，如果不曾有過哲學思考及科學方法的訓練，也只能望書興嘆而已；正像以一個「武俠小說迷」的讀者，突然去讀康德與黑格爾的著作，保證你也同樣地不得其門而入。那麼試問：這樣情形的佛典，應該要它呢？還是不要呢？除非你僅是一個下層文化中的成員，否則你當不至說一個「不」字。

許多人以為耶教的書容易讀，其實，如果跑進他們的神學——經院哲學中去看一下，你也會覺得不知所以的，中古時代的耶教教士們，為了所謂「謀天啟與人智的調和」，而將神話套上哲學的外衣；為將一切的問題，全部納之於天主的權威之下，所以要稱哲學是神學的奴婢，以致弄得迂曲不經，支離瑣碎，繁雜之極，並且也因此有了繁瑣哲學的賜號。

今日的佛教文章難懂的問題，我想那是出於少數人的作風而來，比如有些食古不化的「佛學家」，硬是生吞活嚥，患著思想的胃腸機能障礙，他們看書不經過大腦，便將書中的文字，斷章取義，東抄西摘，湊成他們自以為是的文章，這樣的文章，連他們本人也沒有弄得明白，到了讀者眼下，當然要「不知所云」了。不過，據我的考察，類似的文章，目前已經逐漸地少了，因為那些「博古」而不通今的「佛學家」，已到了自知「退休」的時期。

至於思想性的佛學論著，那是供給研究用的而不是通俗用的，自然不能要求他們寫得像《西遊記》和《水滸傳》一樣，雖然近代的日本佛教界，已在試用西洋的哲學名詞表達佛教思想，但也不能全部西洋化，否則便不成其為佛教而失去了佛教的面貌。

總之，若從傳播的方式上說，佛教是絕對贊成文藝化或通俗化的；若從研究其思想的理論上說，佛教是不能不深邃化和精密化的。所以，我們固然要提倡通俗，卻不該詛咒難懂。

佛教徒禁看異教的書籍嗎？

在原則上，不但不禁止，甚至還鼓勵。因為佛教相信，佛教的信仰是合乎理性的，凡是信仰佛教並且已對佛法有了相當程度的認識之後，縱然要他改信其他的宗教，也是辦不到的。所以，異教的任何宣傳，對於一個正信的佛教徒而言，是足夠接受考驗而無法動搖他的信心的，又因佛教不是獨斷信仰的宗教，所以不否定異教的應有價值。佛教將化世的法門分為五乘，人天乘便是五乘的基礎，是一切法門的共通法門，也是一切宗教與哲學的共通善法。因此，佛教對一切異教的經典書籍，除了那些武斷、迷信、不合情理的部分之外，都會給予它們應有價值的肯定。

同時，一個正信的佛教徒，應當也是一個佛法的傳布者，對於弘揚佛法的技術來說，為了使得異教徒們改信佛教，或者為了攝化那些正在徘徊於佛教及異教信仰之間的人們來皈依佛教，對於宗教比較學的知識，乃是非常重要的。如果不能說出佛教的信仰優勝於其他宗教的信仰，豈能使人心悅誠服地信仰佛教？所以，一個理想的佛教徒，應該要具備若干程度的異教知識。[1]

當然，對於一個初信佛教的人來說，研究異教的義理是沒有必要的，所以佛教主張學佛有餘，可以用三分之一的時間去看外書，否則，自顧不暇，哪有閒工夫去研讀異教的書籍呢？

……………

1 《十誦律》卷三十八佛言：「從今聽為破外道故，誦讀外道書。」《根本雜事》卷六佛說：「不應愚癡，少慧不分明者令學外書，自知明慧多聞，強識能摧外道者，方可學習。」「當作三時，每於兩時讀佛經，一時習外典。」「於日初分及以中後，可讀佛經，待至晚時，應披外典。」

佛教以為異教徒是罪人嗎？

不。佛教雖將一切佛教以外的宗教一律稱為「外道」（是指不向內求明心見性而朝外求神鬼的賜予），但是，佛教並不否定各該宗教的應有價值，佛教將宗教的層次分為五乘，已如上文約略介紹過了，這五乘都是善的，下級的人乘與天乘，雖未解脫生死，然已行了五戒十善。依照佛教的尺度衡量，除了佛教之外的一切宗教，都屬人天的範圍；能為人天的善業而努力，當然不能看作是罪人了。

因此，正信的佛教，雖然自信佛教的宗教價值超勝過其他的宗教，卻不歧視其他宗教的宗教價值；能夠共同來為人天的善業而建設，豈不是比破壞人間的康樂者，更夠資格做為佛教的朋友？

所以，佛教雖然鼓勵異教的信徒改宗佛教，佛教卻從來不用排他的手段去摧殘異教，這在二千五百多年以來的世界史上，可以得到明確的答案。

佛教的苦相當於基督教的罪嗎？

一般無宗教信仰的學者，的確是做如此觀的，他們以為佛教也好，基督教也好，勸人為善，總是一樣的。從這勸人為善的基礎上，他們就順理成章地推想到，佛教的苦和基督教的罪，當然也是一樣的了。

因為，佛教講三界的生死是苦海，眾生的感受，無非是苦，所以修持的目的，是在脫苦；基督教講人類都是罪人，是由人類的第一對祖先——亞當和夏娃，不聽上帝的警告，而偷吃了伊甸園的生命和智慧的禁果，所以人類有了生命和智慧，但也得罪了上帝，上帝要罰亞當和夏娃的子子孫孫，都要受苦，這就稱為人類由第一代祖先遺傳下來的「原罪」，基督徒信仰上帝，原因是上帝派他的獨生子耶穌上了十字架，代替「信他的人」贖了罪。

事實上，佛教所講的苦，與基督教所講的罪，根本是風馬牛不相及的兩回事。佛教所講的苦，是由眾生自己的業感報應而來，眾生的業感，是由無始的無明覆障而來，純粹是個人負責的事，與上帝沒有關係，與祖先也沒有瓜葛。眾生由於無明之惑的煩惱，而造生死之業，由於生死之業，而感生死之苦，正在感受生死之苦的生死之間，又因生死而造無明之惑；就這樣，由惑造業，由業感苦，因苦生惑，惑業苦三者，連成一個生死之流的環狀，頭尾銜接周而復始，永無了期。因為惑是苦的種子，業是苦的陽光、空氣、水，苦才是惑與業的結果，也唯有結果才是真正的感受。所以佛教要把生死之流，稱為「苦趣」或「苦海」，所以要求超越這個生死之流而不受生死的束縛，自由生死、自主生死、不生不死，便是解脫的境界。

不過，佛教求解脫，並不是僅靠佛菩薩的救濟，佛菩薩只能教導我們如何解脫，卻不能代替我們解脫，這與耶穌代「信他的人」贖罪，根本不能相提並論。因為佛教不承認眾生是由上帝的懲罰而得罪，尤其不承認人類祖先的罪會遺傳到子孫身上，正像「罪不及妻孥」一樣地簡單明瞭，上帝不能代人贖罪，也正像「我吃飯不能使你飽」一樣地簡單明瞭。佛教脫苦的基本方法，是戒、定、慧的三無漏學：戒是不應做的不得做，應做的不得不做；定是心的收攝，不使放逸，也不使懈怠；慧是清明的睿智，認清了方向，努力精進。所以，佛教的脫苦，絕不等於基督教的乞憐上帝代為贖罪。

在此順便一提，許多的人，認為佛教太重視苦，乃是一種偏激的厭世態度，因為人類的生活中，固然有苦，但也有樂，並且可用人為的方法來改進生活的環境，所以認定佛教的看法是錯誤的。關於這一點，如果站在現實人間當下一生的立場上，佛教並不非要教人承認「有受皆苦」的這一觀念不可，佛教講苦，是從佛陀的悲智觀照而得的結論，一般凡夫並不是佛陀，當然不易體察出來，正像人見野狗吃屎，該是多麼地噁心，吃屎的野狗，卻是吃得津津有味而樂在其中，如果人們一定要告訴野狗知道吃屎是多麼地不衛生，野狗可能還會掉過頭來吠你兩聲！由於境界的高下不同，實在勉強不來。因為，佛是站在生死之流的岸上，來看生死流中的眾生乃是唯苦無樂，縱然有樂，也像搔著疥瘡殺癢，搔時癢得快活，搔後痛苦即至。

佛教相信上帝的存在嗎？

上帝這個名詞的定義，非常廣泛，有宗教的上帝，有哲學的上帝，宗教的上帝有好多，哲學的上帝也有好多。總之，站在什麼立場看上帝，上帝就會變成什麼立場所要求的那個樣子。

耶教說中國儒家的天或上帝，就是耶教的上帝，其實，中國儒家的上帝，是泛神哲學的上帝，是只受人愛而不能要求它來愛人的上帝，也是所謂「不可知論」者的上帝；耶教的上帝，卻是人格的神，是外於宇宙的創造主，是萬能的主宰神。

關於宇宙的起源說，先期的宗教也好，哲學也好，往往是相信神化的。希臘以宙斯為眾神之主，羅馬以裘比特為眾神之主；印度古代的神，很複雜，而且時常變更他們的地位，印度原始神是特尤斯，它與希臘的宙斯及羅馬的朱彼得是同一語，但在《吠陀》神界最有力的卻是婆樓那（司法神），空界的大神是因陀羅（雷神），地界的大神是阿耆尼（火神），地獄神為耶摩王（但他是在天上），所以，印度古代，是近乎多神崇拜的，後來的印度教，對於上帝——創造主，有說是大梵天，有說是大自在天，有說那羅延天，終於結為三位一體的觀念，而以大梵天為創造者，那羅延天為保護者，大自在天為破壞者，其實是一神的三種面貌而已。現在的印度教，崇信羅摩、濕婆，乃至佛陀也成了他們的上帝的同義，「臚列上帝之名幾達一百左右，此外尚有更多之名稱」（周祥光譯的《真理之光》二十二頁）。[1]

中國道教的上帝是玉皇，這與儒家的上帝不同，與耶教的上帝不同，與印度教的上帝也不同，若以佛教的天帝觀來衡量，道教及伊斯蘭教的上帝同於佛教的忉利天主，耶教的上帝（從摩西、耶穌、保羅到奧古斯丁，已升了幾級），同於佛教的梵天主，印度教的上帝，同於佛教的大自在天主，忉利天是欲界的第二天，離人間最近，梵天是色界的初禪天，大自在天是色界的最上一天。這不是沒有理由的比照，因本文限於篇幅，不能詳細分析介紹，如有興趣，不妨將各教的上帝觀拿來跟佛教的三界二十八天的境界，相互對照一下，就可一目瞭然了，那也是很有趣味的工作。

因為各天的天主，都有若干憍慢的習氣，對他們的屬下臣民，總喜歡說，只有他自己才是獨一無二的造物主或主宰神，正像人間的君主，往往喜稱自己是「寡人」，除他以外，天下再沒有比他更大的君王了，甚至秦始皇自以為「德過三皇，功蓋五帝」，他要「四三皇」而「六五帝」，所以自稱為始皇帝，這與各天的天主自稱是獨一無二的造物主的心理，是出於同樣的一型，他們甚至還向佛陀吹牛（《雜阿含經》卷四十四第一一九五、一一九六經）。其實，他們何嘗真的是宇宙的創造主呢？宇宙根本不可能由某神的一神之力而創造，宇宙乃是由於眾生的業力所感，眾緣所成。

從這看來，佛教的確承認上帝的存在，但卻不相信上帝是宇宙的創造主。

至於哲學上的上帝，根本是出於推想的假設，是一種假定的觀念，並非實證的現量，所以，佛教不會相信他們的存在。

也許有些神教要說：上帝有懲惡賞善的權威，佛教徒就不怕上帝嗎？

是的，因為佛教徒根本不崇拜上帝，當然也不會怕上帝。佛教徒相信，三界之內的一切善神，包括上帝——二十八個層次的天主在內，他們都會信奉佛法，而擁護佛法；佛教看他們，好像軍事機關的職員看守門的衛兵，衛兵有權能執行門禁的出入，陰謀的壞人，衛兵是要管的，是要盤問的，至於規規矩矩的機關人員，豈會害怕衛兵呢？

佛教不以為上帝有創造萬物的能力，也不承認上帝有主宰眾生禍福的權威。佛教看上帝，也只是六道眾生之一，不過由於他們過去世中所修的福報，而使他們生在天上享樂罷了。縱然上帝會參與人間的禍福事業，那也是由於人類自身業力所感而來。所謂「自助而後人助」，所謂「自侮而後人侮」，就是這個道理。

…………

1 印度的佛梵相融：「在佛教，將不但融攝三明之哲理，且將融攝《阿闥婆吠陀》之秘咒；吠檀多之學者，亦將融佛於梵，以釋迦為神之化身矣！」（《印度之佛教》二〇七頁）

佛教對於中國的貢獻是什麼？

一些思想褊狹的儒家學者，直到今天，尚在閉起兩眼，力竭聲嘶地大罵佛教，其實，到了今天的中國文化之中，除了最近進口的舶來品之外，幾乎已很少不曾摻入了佛教的色彩。

在文學方面：由於佛典的翻譯，刺激了中國文學的革命，從詩文的意境到文體的演變，在魏晉南北朝的時代，就已有了新的氣象。六朝時代，由於梵文的拼音——華嚴字母的翻譯，啟悟了中國文字的反切，由反切產生四聲，由四聲而把五言與七言詩改進為律絕。中國人向來作文，都主張多讀多看，所謂「讀破萬卷書，下筆如有神」，「熟讀唐詩三百首，不會作詩也會吟」，因為中國是沒有文法可言的國家，但在唐朝時代，卻由印度佛典的大量翻譯，也將印度的文法輸入了中國，比如「八囀聲」，即是名詞、代名詞、動詞、助詞等，又如佛典中的「六離合釋」，就是梵文文法的一種，現代人多以馬氏《文通》是中國文法學的鼻祖，其實唐朝時代，中國就已有了文法學，只是未能普遍地為民間運用而已；再如《文心雕龍》是中國文學史上文體及作法——文學批評論的不朽名著，但它的著者劉勰（法名慧地），卻是在佛教寺院中成長的，晚年也出了家，他的作品，頗受佛教文學的暗示及鼓勵。[1]

到了唐代以後的文體，多能近於寫實而順暢，乃是受了佛教文學的感染；經隋唐而至宋代，「彈詞小說」或「平話」的出現，那是受了佛教所用「變文」的影響；近乎語體的唐宋詩，如白樂天及蘇東坡等的詩，是因禪宗的「頌古」以及寒山、拾得所做深入淺出的新詩而來，乃至梁啟超先生要說：中國古詩中的第一長詩〈孔雀東南飛〉，是受馬鳴大師所做《佛所行讚經》的影響。唐代的禪宗諸大師，創用白話的語錄體，說明佛法的要義，因此而有宋明理學家的語錄出現，完全是學自禪宗的筆法。明清的小說是由平話及擬平話而來，小說中「有詩為證」的風格，散文之後以韻文作結的形式，以及彈詞裡的說白與唱文夾雜並用，明明白白是受佛經中「長行」與「偈頌」並用的暗示。由於佛典的翻譯，也為中國增加了三萬五千多個新語。

在藝術方面：魏晉的佛教建築，一直影響著中國的建築形態，佛教的建築，雖不如近世西洋的實用，但卻由於佛經中敍述天宮及佛國淨土的施設，力求藝術化，建築物的布置、點綴、莊嚴、雄偉，都是原始印度佛教的特色；又如佛教輸入的佛塔建築，也為中國的建築史，帶進了一步，開拓了新的里程。在佛教傳入中國之後，也給中國帶來了塑像的藝術，在此以前的中國，尚沒有塑像的技藝，唐朝的佛教塑像，美麗盡致，曾極一時之盛，數十年前有日本人曾在蘇州某寺發現了唐人的塑壁，後得蔡元培申請政府保存。洛陽的龍門、大同的雲岡，那些偉大的佛像雕刻，浩大的工程，精湛的技巧，均有飄飄欲仙、栩栩如生之勢，那不唯是中國的藝術寶庫，也是世界性的藝術偉構。在繪畫方面，如敦煌莫高窟的壁畫，也享譽世界。正如莫大元先生所說：「雲岡石室與敦煌石室、龍門石室，不啻中國北方之三大佛教美術陳列館。」又說：「後漢以降，佛教輸入，中國之美術，遂由貴族美術一變而成為宗教美術，建築則從宮殿樓臺而變為寺院塔婆，繪畫雕塑則從君臣肖像而變為佛菩薩像，工藝則從器皿服飾而變為宗教之佛物法器。此種美術形態之延續，自後漢以迄於今，……在中國文化史上，實占有極重要之地位。」（見《中國佛教美術》）由於佛教的許多碑碣的保存，也為中國的書法，儲蓄了無價的財富，許多名家的字蹟，多由佛教的流傳而得遍及民間。「魚山梵唄」，是受了佛教梵音而來的中國音樂。從敦煌石室的發現，知道在馮道的印刷術之前，佛教於隋唐時代，就已有了通俗宣傳的刻板印刷品。

在科學方面：佛教入漢以前中國雖已有了鄧析、惠施、墨子及荀子等類似論理學（名學）的提出，中國之有完整的論理學，卻自佛教輸入以後的因明學開始。中國從唐朝至明朝，皆是用的一行禪師所定的曆法，那是根據印度的天文學而來。

在哲學宗教方面：佛教初入中國時，道教的排斥很大，但到了魏晉時代，講佛學的引用了老莊，講老莊的也引用了佛經，從此之後，道教典籍的日益完備，在許多方面都是取材於佛教，比如地獄及閻羅的觀念，道教便欣然地接受了也運用了，在佛教未來之前，中國沒有閻羅的印象，到了宋時的全真教，根本就是佛化的道教。由於禪宗的啟發，宋元明的儒家——理學的出現，根本就是禪化的儒教，雖由於偏執他們的門戶之見而反來抨擊佛教，他們卻是「坐在禪床上罵禪」；禪宗僅是佛教的一支，宋明的理學家卻連對於禪宗的法門也只淺嘗半口而不敢深入，唯恐在深入之後，會迷失了他們自己的立場，朱熹看的佛典較多，朱熹就有這樣的體驗。近世以來的中國思想家中，比如康有為、譚嗣同、章炳麟、梁啟超、胡適、梁漱溟等，雖然未必信仰佛教，他們卻都受了佛教思想的啟發。最近（一九六四年六—八月）在夏威夷召開的第四屆東西方哲學家會議中，中國的方東美，也強調大乘佛教的精神以及佛教所要建立的宗教世界。史家錢穆，對佛教有極高的敬意。哲學家唐君毅，自稱受到《圓覺經》等的啟發很多。可見佛教對於中國的貢獻，過去有了那許多，現在仍然有，未來也將必定有。其實，佛教不唯對中國是如此，對全人類也是如此啊！

在民間的風俗方面：中國原有的儒家信仰，是著重於現實人生的建設，無暇推究生前與死後的問題，所以孔子要說：「未知生焉知死？」對於生前死後以及形而上的宇宙本體，都是存而不論，所以要說：「祭神如神在。」縱然講到善惡的補償及懲罰問題，也只寄望於各人的後代子孫，所謂「積善之家必有餘慶，積不善之家必有餘殃」（《易經》），就是說的這樣的觀念；其實，從現實的史實上看，寄望於子孫的果報是不可靠的。因此，自從佛教傳入之後，

「種瓜得瓜，種豆得豆」的因果觀，為中國的民間，帶來了新興而有力的希望，佛教給我們指出了生死輪迴的問題，以及善惡報應的問題，告訴了我們，一切行為，均由各自負責，善報屬於自己，惡果也屬於自己，現生不報，來生必報。這一點，鼓勵了人們要積極地去惡；這一觀念，對於千百年來的中國民心社會的安定與影響之大而且深，實在無法估計。

…………

1 通事舍人劉勰雅為（昭明）太子所重，凡寺塔碑碣，皆其所述（石城石像碑見存），大同四年求出家，武帝賜名慧地——《佛祖統紀》卷三十七（《大正藏》四十九．三五一頁）。

佛教的真理是什麼？

《瑜伽師地論・真實義品》把真理叫作真實，分為四大類，稱為四種真實：

（一）世間極成真實——是指隨類隨俗的常識真實，這又分為兩類：一是世間非人類所以為的真實，二是世間人類從自然及習慣中所幻覺的真實。

（二）道理極成真實——是指學術家從研究推演中所得的學理真實，這又分為四類：一是科學家由實驗所得的真實，二是哲學家由思辨所得的真實，三是神教者從神契信仰中所得的真實，四是心（定）教者從靜坐修養等所得的真實。

（三）煩惱障淨智所行真實——是指出世聖者以解脫智所證的真實，這又分為二類：一是小乘聖者聲聞及緣覺所證的我空真實，二是大乘聖者所證一分我空的真實。

（四）所知障淨智所行真實——是指大乘聖者正遍知覺所證的法空真實，這又分為二類：一是菩薩分證的法空真實，二是佛陀滿證的法空真實。

佛教絕不武斷，也絕不輕易地否定他人的真理，只是把各種真理，分成了類別與等級，各還各的本來地位，各存各的應有價值。有一種外道的神教，動輒就是抹煞異己者的一切價值，給與一個魔鬼的帽子戴上，佛教絕不會如此地獨斷。以上所舉的四種真實，在佛教徒的心目中，可以承認它們都是真理，只是有著高下輕重的分別而已。

事實上，世間所謂的真理中，常識的真理是最最經不起考驗的，古代常識的真理，到了後代，往往就成了笑話，甲地常識的真理，到了乙地，往往竟成了趣談；至於學者發明的真理，無論從化驗中得來也好，從推理中得來也好，從神契的神祕經驗中得來也好，從修練身心調息靜坐中得來也好，可能有部分是真理，但總是出於暫有的、幻有的、局部的、假設的，而不是永恆不變的。

佛教的真理，是我空及法空以後所得的結果。我空了，煩惱障斷除；法空了，所知障斷除。我空之後即解脫生死，法空之後即不住涅槃。《金剛經》所說：「無我相、無人相、無眾生相、無壽者相。」便是說明我空的境界；「煩惱即菩提（正覺），生死即涅槃（寂滅）。」便是說明法空的境界，非空非有，不落兩邊的中道妙理，也只有證了法空之後的人才能親自實證。

佛教的最後真理——證得二空究竟的真理，不在世間法中，已無名言可說，所謂「離名言相，離心緣相」，便是究竟真理，勉強給它標出名目，叫作一真法界或真如理體。但是，佛教的究竟真理，雖然無可名狀，它卻並未離開世間萬象，世間萬象的某一象也都是究竟真理的一部分。因此，禪宗惠能大師說：「佛法在世間，不離世間覺，離世覓菩提，恰如求兔角。」佛教的目的講空，是空去我執的煩惱障及法執的所知障，並不是要否定世間的萬象。佛教的真理是在一個覺字，唯有自覺才能了生死，唯有自覺覺他才能度眾生，唯有覺行圓滿才能成佛。

和尚、尼姑、居士是什麼？

對於和尚、尼姑、居士，這三種名稱的本意，能夠清楚的人，恐怕不會太多，雖然這已是非常通俗的名詞。

和尚一詞，在中國人的觀念中，正像出家人的身分一樣：「上共君王並座，下與乞丐同行。」既是尊貴的，也是卑賤的。大叢林的一寺之主，稱為方丈和尚，該是多麼地尊嚴；鄉愚唯恐生兒不育，也給取名叫作和尚，把和尚一詞，看作阿毛阿狗同例，該是何等地下賤！

和尚是什麼意思呢？一般人的解釋是「和中最上」，或者是「以和為尚」，因為佛教的出家人，要過「六和敬」的僧團生活，那就是：戒和同修、見和同解、利和同均、身和同住、口和無諍、意和同悅，這又稱為「六和合」。所以他們的解釋，似乎也有理由。

但是，當我們追根尋源，找出了「和尚」的出發點時，上面這一解釋，就要不攻自破了。

和尚一詞，純由於西域語言的音轉而來，在印度，通稱世俗間的博士為「烏邪」，到了于闐國則稱和社或和闍（khosha），到了中國則譯成了和尚（見《南海寄歸內法傳》及《祕藏記本》）。所以在印度的外道也有和尚及和尚尼的（《雜阿含經》卷九第二五三、二五五經等）。

可見和尚一詞，並非佛教的專有名詞，但在佛教，確有它的根據，佛教的律藏，稱剃度師及傳戒師為鄔波馱耶（upādhyāya），「和闍」一詞，就是根據這個而來，「和尚」一詞，更是漢文的訛誤，最早見於漢文中的，可能是石勒崇信佛圖澄而號佛圖澄為「大和尚」。

但在律中往往不用和尚，而用「和上」以別於流俗的訛誤，因為，依照鄔波馱耶的原意，應當譯為親教師，也唯有受了比丘戒十年以上，並且熟知比丘及比丘尼的二部大律之後，才有資格為人剃度、為人授戒、而被稱為鄔波馱耶。這既不同於印度俗稱博士的烏邪，更不同於中國誤傳的和尚——老僧是老和尚，小沙彌是小和尚，乃至阿毛阿狗恐怕長不大，也可取名叫和尚。

在佛教的律制中，初出家的，叫作沙彌（意思是勤加策勵，息惡行慈），生年滿二十歲，受了比丘戒，稱為比丘（意思是乞士——上乞佛法，下乞飲食。中國人誤傳為「德比孔丘，故稱比丘」，那也是笑話）。受了比丘戒的五年之內，不得做出家同道之師；五年之後，若已通曉戒律，始可以所學的特長做師，稱為軌範師，梵語叫作阿闍梨耶（ācārya），受人依止，教人習誦；到了十年之後，可做親教師；到了二十年之後，稱為上座；到了五十年以上，稱為耆宿長老。

可見，中國對和尚一詞的運用，實在是不倫不類不合佛制的。

「尼姑」一詞，也是中國人的俗稱，並不合乎佛制的要求，所謂尼姑，是指佛教的出家女性。

本來，印度以尼（ni）音，代表女性，有尊貴的意思，不限佛教的出家女性所專用。佛教的出家女性，小的叫沙彌尼，大的叫比丘尼，意思是女沙彌及女比丘。

到了中國，每以未嫁的處女稱為姑，故將佛教的沙彌尼及比丘尼稱為尼姑，並沒有侮辱的意思，所以在《傳燈錄》中，佛門大德嘗以師姑稱尼姑；但到明朝陶宗儀的《輟耕錄》中，以尼姑列為三姑六婆之一，那就有輕賤的意思了。因此，晚近以來，尼眾姊妹們很不願意人家當面稱他們為尼姑。

根據梵文，尼即女音，加上姑字，即成女姑，以文訓義，根本不通，女別於男，既有女姑，難道尚有男姑不成？如果一定要稱為姑，那該有個比例：女道士稱為道姑，打卦女稱卦姑，女比丘當稱為佛姑；同時，耶教的女修士，中國人也該稱她們為耶姑，否則，就有厚此薄彼之嫌了。

「居士」一詞，也非佛教的專有，在中國的《禮記》中就已有了「居士錦帶」一語，那是指的為道為藝的處士，含有隱士的意義。

在印度，居士也不是出於佛教所創，梵語稱居士為「迦羅越」（gṛhapati），不論信不信佛教，凡是居家之士，便可稱為居士。

佛教對在家信徒尊稱為居士的由來，大概是出源於《維摩經》，維摩詰共有四個尊稱：〈方便品〉稱為長者，〈文殊問疾品〉稱為上人及大士，〈菩薩品〉等則稱為居士。因據羅什、智者、玄奘等大師的解釋，維摩詰是東方阿閦佛國的一生補處菩薩，示現在家相化度眾生，所以用居士一詞稱在家的佛教徒，也含有尊為大菩薩的意味在內了。

可見，一個名副其實的居士，便該是一位大乘的菩薩，絕不是帶有灰色氣氛的處士或隱士。

然在《長阿含經》中，唯將四大階級的第三階級吠舍種稱為居士，並將輪王的主藏（財貨）大臣，稱為居士寶，那麼居士者，相當於商人、經理或者是實業家了。

禪師、律師、法師是什麼？

在《有部毘奈耶》卷十三中，比丘分為經師、律師、論師、法師、禪師，一共五類。長於誦經的為經師，長於持律的為律師，長於論義的為論師，長於說法的為法師，長於修禪的為禪師。但在中國的佛教中，經師與論師，未能成為顯著的類別，律師、法師及禪師，倒是風行了下來。

禪師，本來是指修禪的比丘，所以，《三德指歸》卷一說：「修心靜慮曰禪師。」但在中國，有兩種用法，一是君王對於比丘的褒賞，比如陳宣帝大建元年，尊崇南嶽慧思和尚為大禪師；又如唐中宗神龍二年，賜神秀和尚以大通禪師之謚號。另一是後來的禪僧對於前輩稱為禪師。到了後來，凡是禪門的比丘，只要略具名氣，均被稱為禪師了。

律師，是指善解戒律的比丘，學戒、持戒，並且善於解釋處理以及解答有關戒律中的各種問題者，才可稱為律師。律師在佛教中的地位，相當於法律學者、法官、大法官。一般的比丘、比丘尼要求持戒不犯，未必通曉全部的律藏。所以，比丘如要做一個名副其實的律師，實在不簡單。

法師，是指善於學法並也善於說法的人，這在一般的觀念中，以為法師是指比丘，其實不然，佛典中對於法師的運用，非常寬泛，並不限於僧人，比如《法華經．序品》中說：「常修梵行，皆為法師。」《三德指歸》卷一說：「精通經論曰法師。」《因明大疏》上說：「言法師者，行法之師也。」又有說以佛法自師並以佛法師人者稱為法師。因此，在家的居士也有被稱為法師的資格，甚至善於說法的畜類如野干（似狐而小），也對天帝自稱為法師。

基於這一理由，道教受了佛教的影響，也稱善於符籙的道士為法師；於晚近成立的理教，也受佛教的影響，把他們的教士稱為法師，可見，法師一詞，並不是佛教比丘的專用稱謂了。

根據佛制的要求，我以為：佛教的出家人對俗人自稱，應一律用比丘（沙彌）或比丘尼（沙彌尼），或用沙門；在家信徒稱出家人，一律用阿闍梨（或稱師父），居士自稱則一律用弟子，不願者，即僅用姓名，也有用學人自稱者，但照經義，那是初、二、三果的聖者；出家人稱出家人，長老則用長老，上座則用上座，平輩則互以尊者或親切一些用某兄某師來稱呼對方，佛世的比丘之間，均可稱姓道名；比丘對於尼眾可以稱為姊妹，尼眾自稱長老上座，可比照比丘的用法，平輩則互以姊妹相稱；教外人稱比丘及比丘尼，自可由其隨俗。如果比丘而確有禪師、律師、法師的資格，當然可以接受教內外的名副其實的稱呼，否則，像今天的佛教界，凡是僧尼，不論程度資質的高下，一律被稱為法師，實在不合要求。

羅漢、菩薩、佛陀是什麼？

的確，許多人對於羅漢、菩薩、佛陀的意義，不能明確的了解，甚至信佛多年的佛教徒們，也有捉摸不清之感。

佛教的法門，照北傳系統的看法，有大乘與小乘之分，小乘是專修解脫道的，大乘是修菩薩道的。菩薩道是人天道及解脫道的相加，也就是說，解脫生死而仍不離生死，以便隨類化度有緣的眾生者，便是大乘的菩薩道。

解脫道的最高果位是阿羅漢，簡稱羅漢，羅漢是小乘聖人，小乘的最高果位有兩種：一是聲聞聖者，由於聽聞佛法，從佛的言教而修四諦法（苦、集、滅、道）及三十七菩提分而得解脫道的，那就是羅漢；一是生在無佛之世，自修十二因緣法（無明、行、識、名色、六入、觸、受、愛、取、有、生、老死）而自悟解脫道，自了生死的，那便稱為緣覺或辟支迦佛。聲聞與緣覺，同屬於小乘，小乘分為聲聞乘與緣覺乘，所以又稱小乘為二乘。這二乘是自求了生死，自求入涅槃的，他們絕對厭離人天的生死道，所以不願再來度眾生，不能稱為菩薩，也不能成佛。

如果要成佛，必須要行菩薩道，菩薩道的主要法門是六度法（布施——財施、法施、無畏施；持戒——諸惡莫作、眾善奉行；忍辱——難忍能忍、難行能行；精進——勇往直前、百折不撓；禪定——心攝一境、不動不搖；智慧——清明朗澈、自照照人），三聚戒（無一淨戒不持，無一善法不修，無一眾生不度）。從最初發最上心——大菩提心、慈悲心、空慧心，經過三大無數劫，便可達到成佛的目的。大乘的菩薩道，只有菩薩所行，不共小乘，所以稱為一乘。

人天道是為生到人間天上而修的善法，小乘道雖不貪戀人天道，也不否定人天道的價值，小乘的解脫道乃是人天善法的昇華超拔，人天善法也是菩薩一乘道的根基。因此人乘及天乘的善法——五戒及十善，乃是二乘與一乘的共通善法，故稱人天善法為五乘（人、天、聲聞、緣覺、菩薩）的共法。

小乘或二乘的解脫道，也是菩薩道的共通法門，菩薩不修解脫道，那便不是菩薩道而僅屬於人天道，所以小乘的解脫道稱為三乘（聲聞、緣覺、菩薩）的共法。

唯有菩薩道，才是大乘或一乘的不共法。

為了便於記憶，現將五乘區別列表如下：

從這一表上，我們便可知道菩薩道，雖稱一乘法，但卻是三乘共法與五乘共法的匯歸於一乘；小乘雖稱三乘共法，但卻是五乘共法的昇華；五乘共法雖冠以五乘二字，其實僅是人乘及天乘階段的善法而已。（案：以「五乘共

法」、「三乘共法」、「大乘不共法」，統攝一切佛法，開顯由人而成佛的正道，乃是太虛大師的創見）

人天乘是世間法，依舊是生死法，仍有生死的漏洞而不能航出生死的苦海，所以又稱世間法為有漏法；小乘雖是自了漢，但卻已是不受生死的出世聖者，故而出世間法又被稱為無漏法。

菩薩，有凡夫有聖人，菩薩共分十信、十住、十行、十迴向、十地的五十加等覺、妙覺兩個階位，十地以前的四十個階位，全是凡夫，從初地以上的十二個階位，才是聖人，表中所列的菩薩乘，是指聖位說的，因為佛典中通常稱的菩薩，如不標明地前菩薩，也多是指的地上聖位菩薩。

小乘聖者不求成佛，但求入於涅槃，涅槃的境界，從本質上說，大、小乘是一樣的，不過小乘入於涅槃之後便安住於涅槃了，不再度眾生了，大乘的涅槃是雖入涅槃而不即住於涅槃，並以生死也是涅槃的同一體性，所以稱為「生死即涅槃」，所以稱為「無住處涅槃」，這是大乘聖者的境界。

小乘涅槃，是由斷了我執——煩惱障而得，所以小乘的羅漢，若從解脫道的境界上說，相當於大乘的第七地或第八地菩薩。菩薩道的聖者，是由斷了法執——所知障及我執——煩惱障的各一分，而親證真如法性的一分，進入初地階位；從斷煩惱障的程度上說，羅漢同於七地或八地菩薩，從斷所知障的程度上說，羅漢僅相當於菩薩的第七信位。因為，斷煩惱障（我空）即解脫生死，斷所知障（法空）即不離生死，解脫生死即入涅槃，不離生死即度眾生，解脫是慧業，度生是福業，福慧雙修是菩薩業，福慧圓滿便是成佛。因此，若從度生的福業上說，羅漢僅同於初發心菩薩的第七個階位，距離初地菩薩尚有三十三個階位，在整個成佛之道的全程之中，初地菩薩已經走了三分之一（第一無數劫已滿），八地菩薩已經走了三分之二（第二無數劫已滿），十信菩薩尚在即將進入三大無數劫的預備階段哩！

因此，如果羅漢要想成佛，必須迴小乘向大乘，從第七信位上慢慢修起來。但是羅漢入了涅槃之後，短時間內很難迴小向大，所以修了小乘道，幾乎就跟佛道絕了緣，於是，有的大乘經論，竟將小乘與外道相提並論而大肆貶斥。其實，如照《法華經》的觀點，真的阿羅漢，必定能夠迴小向大，法華會上的諸大比丘、比丘尼，也多是從小乘入大乘的阿羅漢。

迴小向大也有兩種人：一種是一向修的小乘道，如果再從羅漢位上迴入大乘，便得從大乘的七信位上起修大乘法；一種是曾經修過大乘法，後來退入小乘道的羅漢位後再進大乘道，那就要連帶他們先前修過的大乘位加起來算了，比如舍利弗在往昔生中，已曾修到第七住的大乘位，後來退入小乘，證到羅漢果後再來進入大乘一樣。大致說來，如果先曾修習大乘法，退失之後再入大乘法，一念迴心向上，即可進入初住位，或曾經已有深厚的大乘基礎，退失之後再入大乘，一念迴心，即可證入初地以上的菩薩聖位了。當然，羅漢迴小向大，只是福業不夠大乘的聖位，他們的慧業——解脫功用，絕不會也連帶著退入凡位的。

佛是佛陀的簡稱，佛陀的果位是菩薩道的究竟位，所以也可將佛陀稱為究竟菩薩；佛陀的果位也是解脫道的究竟位，故又可將佛陀稱為究竟阿羅漢，阿羅漢有應受人天供養而作人天福田的意思，因此，應供也是佛陀的十大德號之一。佛陀是自覺覺他覺滿或無上正遍知覺的意思；菩薩是覺有情——自覺覺他或正遍知覺的意思；小乘的聲聞緣覺，也都有正覺或自覺的意思；人天凡夫便是未得正覺的癡呆漢了！現在且將五乘以其所得菩提（覺）的程度別列表如下：

覺的差別

人天凡夫	不　覺	輪迴生死	有漏界
小乘聖者	正　覺	自度生死	無漏界
菩薩聖著	正遍知覺	自度度他	無漏界
佛　陀	無上正遍知覺	功德圓滿	無漏界

另有一點，在中國傳說中有關羅漢的生活形態，必須加以澄清。中國的佛教徒們，由於發現中國的佛教史上，曾有寒山、拾得、豐干、布袋和尚等的詭異奇特；南泉斬貓、歸宗斷蛇等的大用現前；或有弄船江上，或有吊影崖島，或有混跡市廛，或有張弓舞叉，或有學女人而戲拜，或有取肥肉而大嚼——禪宗的不存規則的超佛越祖的作風。因此而往往把懶惰骯髒、不修邊幅、不守律儀的出家人，稱為羅漢型，視為羅漢化現，中國的佛教繪畫及雕塑中，也就把羅漢的聖像，表現得儀態乖張，衣履不整，或者是暴牙咧嘴，面目可憎。[1]

事實上，我們從小乘經律中所見到的羅漢生活，乃是最重律儀的，只有六群比丘（僧中的搗蛋鬼），才會像中國傳說中的羅漢那樣。這種歪曲觀念如不糾正，實在是對羅漢的大侮辱。

相反地，中國人心目中的菩薩，倒是垂眉低目，瓔珞披戴，莊嚴萬狀的。其實呀！菩薩的報身固然是莊嚴的天人相，菩薩的化身為了隨類應化，也隨機攝化，往往化成各色各類的身分。所以，中國人說的羅漢型，實在說成化身的菩薩比較妥當。羅漢必是出家的僧尼，僧尼是佛法的住持者，也是佛法的表徵者，羅漢不可隨隨便便，否則即有礙佛教的聲譽；菩薩沒有固定的身分，目的是開化眾生，並不要求眾生知道他是菩薩，菩薩固可以示現福德莊嚴的天人相，如有必要，往往也化身為外道屠夫乃至魔王，縱然如此，也不至於損及佛法的聲譽。

可見，中國的佛徒們，該把這個歪曲的觀念，糾正過來了。

1

（一）唐末京兆蝦子和上，印心潤山而混跡閩中，沿江岸拾蝦蜆以充食，暮臥白馬廟紙錢中。五代梁世有布袋和上在四明奉化，其袋中藏有缽盂木履魚飯、菜肉瓦石等物。以上均見《佛祖統紀》卷四十二（《大正藏》四十九．三九〇頁）。

（二）宋真宗時，婺州沙門志蒙徐氏，衣錦衣，喜食豬頭，言人災祥無不驗，呼人為小舅，自號曰徐姐夫，坐化時遺言吾是定光佛。奉其真身，祈禱神應不歇，世目之豬頭和上——《佛祖統紀》卷四十四（《大正藏》四十九．四〇三頁）。

（三）南北朝時有寶誌大士，跣足錦袍，以剪、尺、鏡、拂、柱杖，頭負之而行，兒童見者譁逐之，或微索酒，或屢日不食，嘗遇食鱠魚者，從求之，食吐水中皆成活魚。參閱《佛祖統紀》卷三十六（《大正藏》四十九．三四六頁）。

佛教有統一的行政組織嗎？

在根本佛教的教團社會，乃是徹底的無政府主義，並沒有主從及隸屬的分限，大家在佛法的原則之下，人人平等，在佛法的範圍之內，人人自主（自由作主），所以，縱然是創立佛教的釋迦世尊，到了將入涅槃時，還對阿難尊者說：「如來不言我持於眾，我攝於眾。」（《長阿含經．遊行經之一》）佛陀往往也說：「我在僧中。」而不以領袖自居；佛陀自稱是「法王」，這個王字是「於法自在」的意思，不是統領的意思。因此，自有佛教開始，佛教就不曾有過政治型態的組織，佛教的僧團，沒有上下階級，無分大小類別，彼此都是一樣，凡是四人以上的僧團活動，只要是遵循律制的，便算合法，一律受到尊重。即使甲僧團與乙僧團之間，由於意見不合而形成分裂，那也會受到佛陀的認可，比如在《五分律》卷二十四，佛陀就說：「敬待供養，悉應平等，所以者何？譬如真金，斷為二段，不得有異。」因其二段都還是真金。從此可知，佛教的基本精神，並不要求層層節制的嚴密組織。這與基督教的情形，適巧相反，基督教從《舊約》開始，便有著強烈的政治型態及政治意識，嚴密的組織與極權的統治，乃是基督教會的特色。正因如此，基督教的教會組織，既有深遠的歷史背景，他們自有超過佛教的統馭能力了。就以基督教新教的現狀而言，雖也是派系林立，各不相干，但在同一個派系之下，他們仍有良好的組織。

我們佛教，迄今為止，尚談不上世界性的教會組織，即使同在一個國家之內，也有派系，各個派系之下，也不統一。尤其是中國的佛教，在歷史上雖曾有過「僧官」的設置，但那是政府為了對於僧尼及教產的控制而設，它不是佛教本身的組織，如今雖有一個中國佛教會，下面設有各省各縣市的分支會，但它沒有實際的行政權，各寺產不屬教會所有，各寺的寺職也不由教會調遣。

因此，到一九六四年底的臺灣，雖擁有六百萬人以上信仰佛教，雖已占了全人口的百分之五十二，但卻不能產生積極的力量，不能大舉推進佛教事業的建設計畫。反觀臺灣的天主教徒，只有二十六萬五千餘人，基督教徒也只有二十九萬三千餘人，他們的活動力，從表面看來，竟比佛教還大；本省僅僅四萬人的穆斯林，也比佛教更能受到政府的重視，原因就在於他們的力量集中，佛教則各行其是！

據世界性的統計，今日世界的各大宗教的人數比例：基督（包括新舊）教占第一位，共有九億信徒；佛教占第二位，共有六億信徒；伊斯蘭教占第三位，共有四億五千萬信徒；印度教占第四位，共有三億八千萬信徒；猶太教占第五位，共有五千萬信徒（《獅子吼》三卷十期四頁）。如果六億佛教徒們團結合作，將為人間帶來無限的光明。

在此需要提出一個問題，那就是一九六四年十二月十四日《中央日報》「地圖週刊」所載「亞洲佛教」的統計資料，有著很多的不正確性，該刊說，全世界只有三億佛教徒，比世界性的統計少了一半，問題可能出在對中國大陸的估計，該刊以為中國大陸只有一億人口的佛教徒，僅占大陸全人口的百分之十三，這是很有問題的。同時該刊把印度及錫蘭，尤其是錫蘭，列為大乘佛教的區域，那更是嚴重的錯誤，事實上，即使是越南的佛教，也分有大乘及小乘的兩種教化。至於亞洲以外的佛教徒，該刊可能也沒有注意到，比如美國，今日已約有十七萬佛教徒，一百五十座佛寺分布各州了。

佛教不是一個政治型態的組織體系，所以迄今為止，尚未有過梵諦岡式的統一教會，但已有了一個象徵性的「世界佛教徒聯誼會」，那是由於中國已故的太虛大師的發起而產生，最早是在民國十七年（西元一九二八年），當時的太虛大師有兩點希望：一是消除大、小乘之間的偏執觀念，謀求整個佛教的發揚；二是聯合各國佛教，增進彼此友誼，促進永久和平。但是這一運動，經過二十二個年頭的醞釀，才於一九五〇年六月六日，在錫蘭召開第一次代表大會，這個大會的贊助人，包括泰國的國王及僧王、緬甸的總統及僧長、錫蘭的首相及僧長、西藏的達賴喇嘛、柬埔寨的國王及僧長、越南的僧長、日本的裕仁天皇。當時中國推派正在錫蘭講學的法舫法師代表參加，會中決議每兩年召開大會一次，先後曾在錫蘭、日本、緬甸、尼泊爾、泰國、金邊、印度等地召開了七次大會，然而迄今的世界佛教徒聯誼會，雖已有了六十個國家及地區的會員單位，第七次出席大會的即有五十三個單位，可是，對整個佛教及全人類的貢獻，實在有限。正如它的名目一樣，它是「聯誼會」，是用來聯絡彼此友誼的。十四年來的世佛聯誼會，所能見到的成績大約只有兩項：一是統一了佛陀的誕日為每年陽曆五月的月圓日，那是一九五六年於尼泊爾召開第三次大會中的決議。一是統一規定採用五色旗為世界佛教的教旗，這是美國的鄔克德上校（西元一八三二—一九〇七年）所設計，在一九五二年於日本召開的第二次大會上，由錫蘭代表提出而通過。其他的就說不上了。[1]

全球性的佛教行政組織，雖未見於根本佛教的要求，卻是今後時代所急需，若想藉此聯誼會的發展而成為全球佛教的行政組織，恐怕還要努力若干時日哩！

1 鄔克德 H. S. Olcott 與 H. P. Blavatsky 夫人同於西元一八八〇年自美國到錫蘭糾彈英人之專橫而維護佛教。

國家圖書館出版品預行編目資料

正信的佛教 / 聖嚴法師著. -- 五版. -- 臺北市：
法鼓文化, 2015.12
面； 公分
ISBN 978-957-598-687-2（平裝）

1. 佛教 2. 佛教教化法 3. 問題集

220.22　　104020059

學佛入門 2

正信的佛教

Orthodox Chinese Buddhism

著者　聖嚴法師
出版　法鼓文化
總審訂　釋果毅
總監　釋果賢
總編輯　陳重光
編輯　林文理、李書儀
封面設計　化外設計
內頁美編　小工
地址　臺北市北投區公館路一八六號五樓
電話　(02)2893-4646
傳真　(02)2896-0731
網址　http://www.ddc.com.tw
E-mail　market@ddc.com.tw
讀者服務專線　(02)2896-1600
原東初出版社　一九六五年初版，一九九六年修訂版
五版十二刷　二〇二三年十一月
建議售價　新臺幣一五〇元
郵撥帳號　50013371
戶名　財團法人法鼓山文教基金會—法鼓文化
北美經銷處　紐約東初禪寺
Chan Meditation Center (New York, USA)
Tel: (718) 592-6593　E-mail:chancenter@gmail.com

法鼓文化